MON PLAN D'ENTRAINEMENT AUX COURSES À OBSTACLES

FORMAT 10 KILOMÈTRES

À savoir avant de débuter le programme :

⭐ Afin d'être en mesure de vous entrainer le plus correctement possible, vous devrez connaître certaines valeurs pour éviter de trop, ou de ne pas assez en faire.

▶ Les valeurs à connaitre sont :

☑ Votre Vitesse Maximale Aérobie (VMA).

☑ Votre Fréquence Cardiaque Maximale (FCM) réelle (suite à un test d'effort), et de Repos *(page 52 du livre :* *La préparation physique aux courses à obstacles**).*

Vous y trouverez également les différents protocoles pour obtenir votre VMA ou PMA (pages 57 & 106), ainsi que les tests de 1 répétition maximale (1RM) page 128.

☑ Si vous êtes blessé ou ressentez des douleurs dûes à la course à pied, les séances peuvent être effectuées sur un appareil cardio sans impact, afin de limiter les chocs. Pour cela, vous devrez effectuer des tests de Puissance Maximale Aérobie (PMA) qui vous donneront aussi votre FCM. Il est important de savoir que pour un même individu, la FCM ne sera pas la même en course en pied qu'à vélo, ou sur assault bike, voire skierg. Pour un travail de précision, des tests sont donc à mettre en place.

☑ Vous trouverez des "………", ces espaces seront utiles pour écrire vos allures ou vos charges de travail, et ce, afin de mesurer votre progression.

En musculation, vous devez avoir des mouvements corrects. Plus ils seront propres et complets, plus vite vous progresserez sans vous blesser. Ne cherchez donc pas à mettre le plus lourd possible au détriment du mouvement.

Avant de débuter une séance :

☑ Assurez-vous que votre matériel soit prêt.

☑ Assurez-vous de bien avoir calculé vos différentes allures ou intensités de travail.

☑ Pour connaitre les % des côtes, utilisez les applications qui peuvent vous les donner. Pour cela, vous devez connaitre la côte sur laquelle vous allez courir. Vous pouvez aussi regarder en fin de séance sur votre application le % afin de les connaître lors des prochaines sorties.

☑ Un échauffement de 20' à 30' sur l'appareil cardio de votre choix doit être effectué avant chaque séance.

☑ D'avoir compris correctement la séance.

☑ De savoir faire les exercices correctement pour augmenter son efficacité mais aussi d'éviter tout risque de blessures (voir les exercices pages 112).

☑ De vous hydrater durant la séance.

☑ De mettre en place votre stratégie de ravitaillement pour éviter tout risque d'hypoglycémie durant l'entrainement mais aussi pour vos courses à venir.

☑ Ne mangez pas trop, cependant (une petite collation jusqu'à 30' avant votre entraînement ne vous fera pas de mal, bien au contraire ! Vous allez faire le plein d'énergie.)

☑ Soyez motivé.

Effectuez un échauffement de 20 à 30' à l'aide de l'appareil cardio de votre choix avant toutes vos séances de musculation.

Faire 3 séries de 15 répétitions avec 1' de récupération entre les séries. Charges comprises entre 40-50% 1 RM.

1

15 rep's ..... kilos
15 rep's ..... kilos
15 rep's ..... kilos

5

15 rep's ..... kilos
15 rep's ..... kilos
15 rep's ..... kilos

2

15 rep's ..... kilos
15 rep's ..... kilos
15 rep's ..... kilos

6

15 rep's ..... kilos
15 rep's ..... kilos
15 rep's ..... kilos

3

15 rep's ..... kilos
15 rep's ..... kilos
15 rep's ..... kilos

7

15 rep's ..... kilos
15 rep's ..... kilos
15 rep's ..... kilos

4

15 rep's ..... kilos
15 rep's ..... kilos
15 rep's ..... kilos

8

15 rep's ..... kilos
15 rep's ..... kilos
15 rep's ..... kilos

 +  +  + 

30 Rep's + 30" gainage + 30" droite & gauche + 30" superman

Corps de séance :

- 30' de footing d'échauffement.
- 2 à 3 séries.
- 8' soit 8 répétitions.
- 8 répétitions de : 30" entre 90-100% de VMA puis 30" de récupération active entre 40-50%.
- 3' de récupération entre les séries.

> ⚠️ Vous pouvez marquer un temps de pause de 3' à 5' avant de commencer la séance.
> Il est important de bien connaître sa VMA, et de ne pas vouloir aller plus vite que l'allure demandée.

Récupération : 10' de retour au calme.

Vos chronos et retours de la séance :

Vos douleurs :

Nombre de kilomètres :

État de fatigue :   1   2   3   4   5   6   7   8   9   10

Corps de séance :

- 30' de footing d'échauffement.
- 2 à 3 séries.
- 6' à 8'.
- Allure entre 75-80% de votre VMA ou 85-88% FC max.
- 2'30" de récupération active à 40-50% entre les séries.

 Vous pouvez marquer un temps de pause de 3' à 5' avant de commencer la séance.

Récupération : 10' de retour au calme.

Vos chronos et retours de la séance :

Vos douleurs :

Nombre de kilomètres :

État de fatigue :   1   2   3   4   5   6   7   8   9   10

★ Le circuit training alterné (CTA) : il s'agit d'effectuer une série d'exercice de plusieurs répétitions le plus rapidement possible sur un temps de **30"**, suivi d'une récupération de **30"** avant d'enchainer l'exercice suivant.

▶ **L'échauffement :** vous pouvez effectuer 20 à 30' de course à pied ou d'un appareil cardio de votre choix, ou commencer directement le CTA si vous manquez de temps. Néanmoins, veillez à ajouter un tour supplémentaire qui vous servira d'échauffement, et vous devrez effectuer les exercices lentement pour faire monter votre température corporelle et musculaire, ce qui vous évitera des blessures.

Corps de séance :

▶ 2 à 3 tours.
▶ 12'.
▶ 30" d'un exercice le plus rapidement possible.
▶ 30" de récupération passive (ou faire de la proprioception).
▶ 3' à 4' de récupération passive entre les tours.
▶ Faire du gainage sans temps de pause à la fin de chaque tour.

30" gainage	30" droite & gauche	30" superman

 Lorsque vous allez vite, vos mouvements peuvent se dégrader et risquent de vous blesser. Faites donc attention à vos placements.

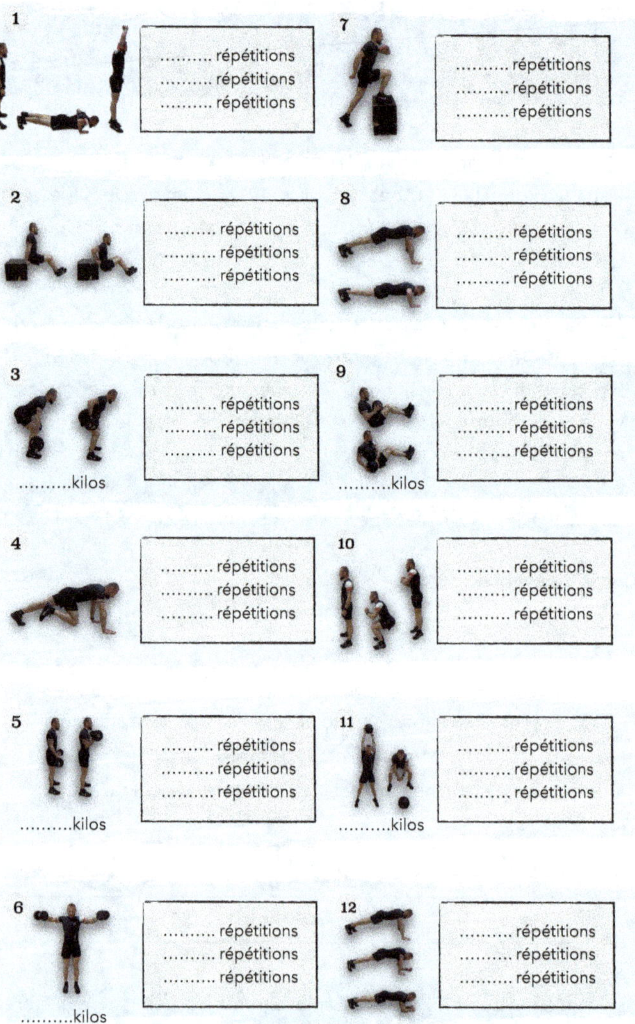

Pensez à compter et noter vos répétitions afin d'essayer de faire mieux sur les tours suivants.

Corps de séance :

▶ 30' de footing d'échauffement.

▶ 3 séries.

▶ 30"/30" - 45"/45" - 1'/1' - 1'/1' - 45"/45" - 30"/30".

▶ Allure sur les 30" : 100-110% de VMA et récup. active 30-40%.

▶ Allure sur les 45" : 95-100% de VMA et récup. active 30-40%.

▶ Allure sur les 1' : 90-95% de VMA et récup. active 30-40%.

▶ 2'30" à 3' de récupération active à 40-50% entre les séries.

> Fartlek : "jeu d'allure" en nature, les intensités sont données à titre indicatif, car naturellement, votre allure va aussi dépendre du terrain.
>
> Exemple : 30" à 100% puis 30" à 40% - 45" à 95% puis 45" à 40% - 1' à 90% puis 1' à 40% …

Récupération : 10' à 15' de retour au calme.

Vos chronos et retours de la séance :

Vos douleurs :

Nombre de kilomètres :

État de fatigue :   1   2   3   4   5   6   7   8   9   10

Vos kilomètres ainsi que le dénivelé (d+) en course à pied de la semaine :

....
....
....
....

Vos kilomètres ainsi que le dénivelé à vélo de la semaine :

....
....
....
....

Votre ressenti :

....
....
....
....
....
....
....
....
....
....
....
....
....
....

Vos douleurs :

....
....
....
....
....
....

État de fatigue :   1   2   3   4   5   6   7   8   9   10

Faire 3 séries de 15 répétitions avec 50" à 1' de récupération entre les séries. Charges comprises entre 40-50% 1 RM.

1 

15 rep's ..... kilos
15 rep's ..... kilos
15 rep's ..... kilos

6 

15 rep's ..... kilos
15 rep's ..... kilos
15 rep's ..... kilos

2 

15 rep's ..... kilos
15 rep's ..... kilos
15 rep's ..... kilos

7 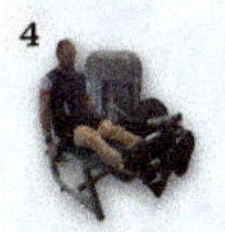

15 rep's ..... kilos
15 rep's ..... kilos
15 rep's ..... kilos

3 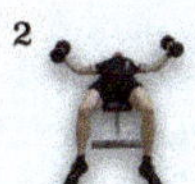

15 rep's ..... kilos
15 rep's ..... kilos
15 rep's ..... kilos

8 

15 rep's ..... kilos
15 rep's ..... kilos
15 rep's ..... kilos

4 

15 rep's ..... kilos
15 rep's ..... kilos
15 rep's ..... kilos

9 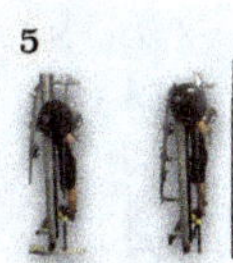

15 rep's ..... kilos
15 rep's ..... kilos
15 rep's ..... kilos

5 

15 rep's ..... kilos
15 rep's ..... kilos
15 rep's ..... kilos

10 

15 rep's ..... kilos
15 rep's ..... kilos
15 rep's ..... kilos

En fin de séance, effectuez la série suivante sur l'appareil cardio de votre choix ou en courant :

▶ 8 répétitions de 20" à 90% de votre VMA..........km/h et 40" de récupération active 30-40%.

Ou

▶ 8 répétitions de 20" à 90% de votre PMA..........watts et 40" de récupération active 30-40%.

30" gainage	30" droite & gauche	30" superman

Votre ressenti :

Vos douleurs :

Votre état de fatigue : 1   2   3   4   5   6   7   8   9 10

Corps de séance :

▶ 30' de footing d'échauffement.

▶ 3 séries.

▶ 4 répétitions.

▶ 30″ à 90-100% VMA + 30″ de marche + 30″ burpees + 30″ de marche (répétez 4 fois de suite pour faire 1 série).

▶ <u>Exemple sur 1 répétition = 2'.</u>

| 30″ à 90% | 30″ récup. | 30″ burpees | 30″ récup. |

▶ 3' de récupération entre les séries.

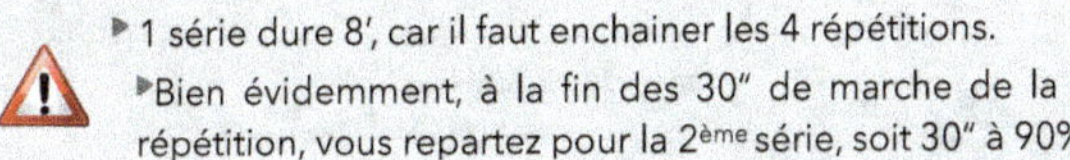

> ⚠ ▶ 1 série dure 8', car il faut enchainer les 4 répétitions.
>
> ▶ Bien évidemment, à la fin des 30″ de marche de la 1ère répétition, vous repartez pour la 2ème série, soit 30″ à 90%…

Récupération : 20' de retour au calme.

Vos chronos et retours de la séance :

Vos douleurs :

Nombre de kilomètres :

État de fatigue :   1   2   3   4   5   6   7   8   9   10

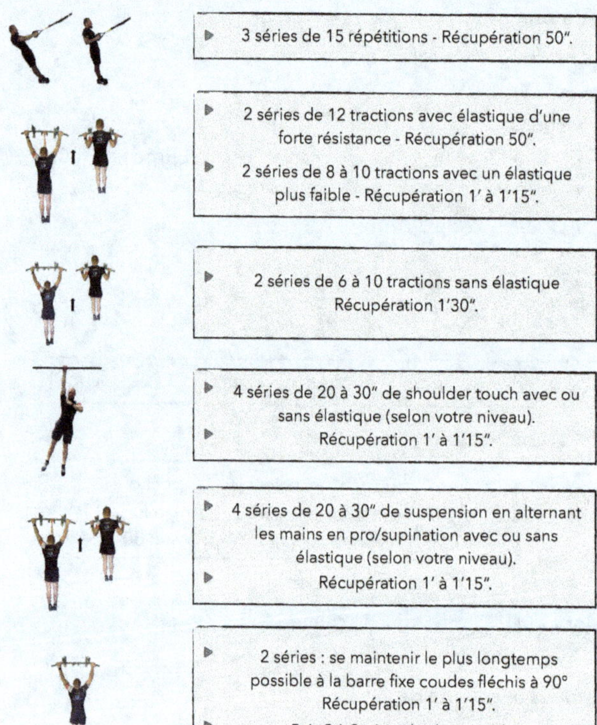

3 séries de 15 répétitions - Récupération 50".

2 séries de 12 tractions avec élastique d'une forte résistance - Récupération 50".

2 séries de 8 à 10 tractions avec un élastique plus faible - Récupération 1' à 1'15".

2 séries de 6 à 10 tractions sans élastique Récupération 1'30".

4 séries de 20 à 30" de shoulder touch avec ou sans élastique (selon votre niveau). Récupération 1' à 1'15".

4 séries de 20 à 30" de suspension en alternant les mains en pro/supination avec ou sans élastique (selon votre niveau). Récupération 1' à 1'15".

2 séries : se maintenir le plus longtemps possible à la barre fixe coudes fléchis à 90° Récupération 1' à 1'15".
Puis 2 à 3 séries les bras tendus.

Vos sensations et douleurs :

Corps de séance :

- 30′ de footing d'échauffement.
- 15 à 20 répétitions.
- 300 mètres.
- 85-88% de votre VMA - 93-95% FCM.
- Récupération active de 1′ entre 30-40% de VMA.
- **Ou** vous pouvez faire : 2 séries.
- 10 répétitions.
- 300 mètres.
- 85-88% VMA.
- Récupération active de 1′ à 1′15″ entre 30-40% de VMA.
- 3′ de récupération passive entre les séries.

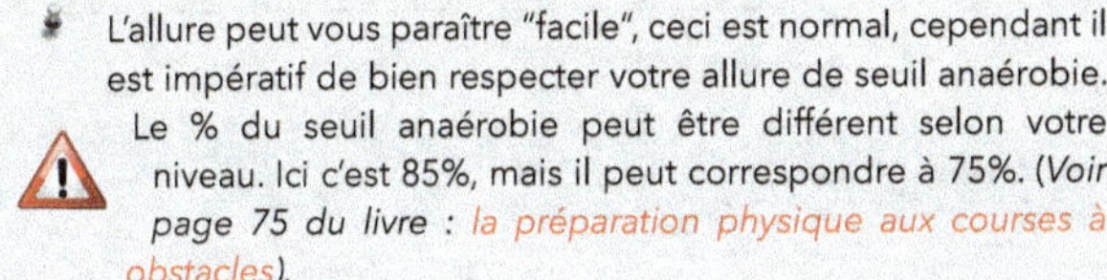

L'allure peut vous paraître "facile", ceci est normal, cependant il est impératif de bien respecter votre allure de seuil anaérobie. Le % du seuil anaérobie peut être différent selon votre niveau. Ici c'est 85%, mais il peut correspondre à 75%. (*Voir page 75 du livre* : *la préparation physique aux courses à obstacles*).

Récupération : 20′ de retour au calme.

Vos chronos et retours de la séance :

Vos douleurs :

Nombre de kilomètres :

État de fatigue :   1   2   3   4   5   6   7   8   9   10

Corps de séance :

▶ 30' de footing d'échauffement.

▶ 2 à 3 séries.

▶ 8' à 10'.

▶ Allure entre 75-80% de votre VMA - 85-88% FCM.

▶ 2'30" de récupération active à 40-50% entre les séries.

 Vous pouvez marquer un temps de pause de 3' à 5' avant de commencer la séance.

Récupération : 10' à 15' de retour au calme.

Vos chronos et retours de la séance :

Vos douleurs :

Nombre de kilomètres :

État de fatigue :   1   2   3   4   5   6   7   8   9   10

<u>Vos kilomètres ainsi que le dénivelé en course à pied de la semaine :</u>

....
....
....
....

<u>Vos kilomètres ainsi que le dénivelé à vélo de la semaine :</u>

....
....
....
....

<u>Votre ressenti :</u>

....
....
....
....
....
....
....
....
....
....
....
....
....

<u>Vos douleurs :</u>

....
....
....
....
....
....

État de fatigue : 1   2   3   4   5   6   7   8   9   10

Corps de séance :

- 30 à 35' de footing d'échauffement.
- % de la pente : entre 6 et 10%.
- 3 à 4 séries.
- <u>1 série</u> = 80 mètres - 100 mètres - 120 mètres.
- Allure : entre 90 et 95% de VMA.
- Récupération passive entre les répétitions : 3 fois le temps de course.
- 3 à 4' de récupération à la fin de la première série.

 Vérifiez votre % de pente avec des applications ou votre montre.

Récupération : 10' à 15' de retour au calme.

Vos chronos et retours de la séance :

Vos douleurs :

Nombre de kilomètres :

État de fatigue :   1   2   3   4   5   6   7   8   9   10

Enchainez les 2 exercices sans temps de pause, puis prendre la récup. à la fin du 2ème exercice. La charge est comprise entre 40-50% de 1 RM.

1.

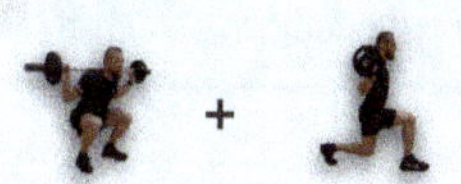

12 rep's ..... kilos + 16 rep's .....kilos - R.90"
12 rep's ..... kilos + 16 rep's .....kilos - R.90"
12 rep's ..... kilos + 16 rep's .....kilos - R.90"

2

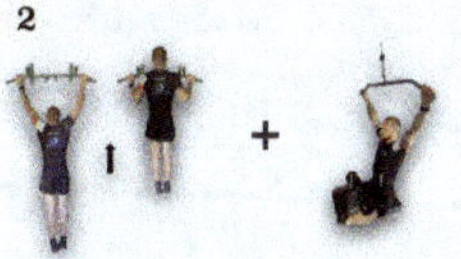

8 rep's ..... kilos + 12 rep's .....kilos - R.90"
8 rep's ..... kilos + 12 rep's .....kilos - R.90"
8 rep's ..... kilos + 12 rep's .....kilos - R.90"

3

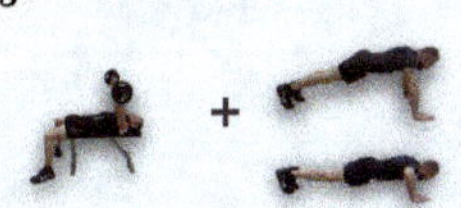

15 rep's ..... kilos + 12 rep's .....kilos - R.90"
15 rep's ..... kilos + 12 rep's .....kilos - R.90"
15 rep's ..... kilos + 12 rep's .....kilos - R.90"

4

15 rep's ..... kilos + 16 rep's .....kilos - R.90"
15 rep's ..... kilos + 16 rep's .....kilos - R.90"
15 rep's ..... kilos + 16 rep's .....kilos - R.90"

5

15 rep's ..... kilos + 15 rep's .....kilos - R.90"
15 rep's ..... kilos + 15 rep's .....kilos - R.90"
15 rep's ..... kilos + 15 rep's .....kilos - R.90"

7

15 rep's ..... kilos + 16 rep's .....kilos - R.90"
15 rep's ..... kilos + 16 rep's .....kilos - R.90"
15 rep's ..... kilos + 16 rep's .....kilos - R.90"

8

15 rep's ..... kilos + 12 rep's .....kilos - R.90"
15 rep's ..... kilos + 12 rep's .....kilos - R.90"
15 rep's ..... kilos + 12 rep's .....kilos - R.90"

9

20 rep's ..... kilos + 20 rep's .....kilos - R.75"
20 rep's ..... kilos + 20 rep's .....kilos - R.75"
20 rep's ..... kilos + 20 rep's .....kilos - R.75"

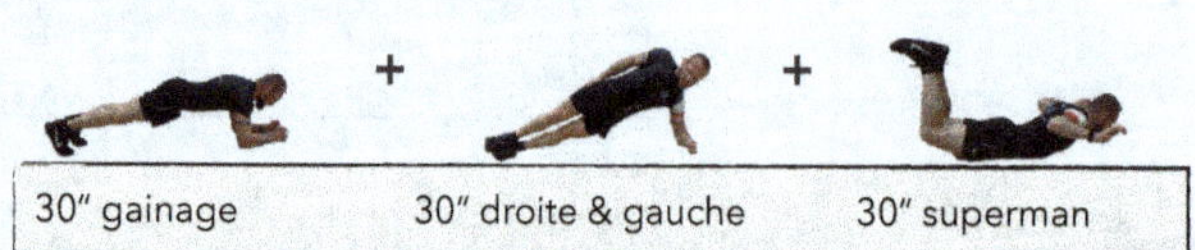

30" gainage	30" droite & gauche	30" superman

Votre ressenti :

Vos douleurs :

Votre état de fatigue :   1   2   3   4   5   6   7   8   9   10

Corps de séance :

- 30′ de footing d'échauffement.
- 2 séries.
- 8 répétitions.
- 200 mètres entre 95-105% de VMA.
- Récupération passive 30″ voir 45″ pour les VMA inférieures à 15 km/h.

> ⚠️ Vous pouvez marquer un temps de pause de 3′ à 5′ avant de commencer la séance.
>
> Ne cherchez pas à vouloir aller plus vite que les allures demandées.

Récupération : 10′ à 15′ de retour au calme.

Vos chronos et retours de la séance :

Vos douleurs :

Nombre de kilomètres :

État de fatigue :   1   2   3   4   5   6   7   8   9   10

Corps de séance :

- 30′ de footing d'échauffement.
- 2 séries.
- 15′.
- 75% de VMA - 85% FCM.
- Récupération active de 2′30″ à 30-40% VMA.

> Enchainez la séance sans marquer de temps de pause.
> Il est important de bien respecter les allures pour ne pas engendrer une fatigue supplémentaire.

Récupération : 10′ de retour au calme.

Vos chronos et retours de la séance :

Vos douleurs :

Nombre de kilomètres :

État de fatigue :   1   2   3   4   5   6   7   8   9   10

Corps de séance : % Pente : 6 à 8%

- 30 à 35′ de footing d'échauffement.

- Effectuer un exercice avant chaque côte.

- 8 à 10 répétitions.

- 1 exercice + 200 mètres.

- Récupération : descente active 30-40%.

- 3′ à 4′ de récupération passive entre les 2 séries.

- 8 à 10 répétitions.

- 1 exercice + 100 mètres.

Exemple :

30 M. climber + 200 mètres 80% VMA + descente footing

Les exercices peuvent être différents :

- 15 burpees ou 30 fentes sautées ou 6 à 8 tractions…

> - L'intensité va dépendre de votre niveau, mais aussi du type de pentes ainsi que son %.
> 
>   - L'idéal serait une allure comprise entre 85-93% FCM.
>   - Total de 16 ou 20 côtes dans la séance.

Vos chronos et retours de la séance :

Vos douleurs :

Nombre de kilomètres & D+ :

Vos kilomètres ainsi que le dénivelé en course à pied de la semaine :

....
....
....
....

Vos kilomètres ainsi que le dénivelé à vélo de la semaine :

....
....
....
....

Votre ressenti :

....
....
....
....
....
....
....
....
....
....
....
....
....

Vos douleurs :

....
....
....
....
....

État de fatigue : 1   2   3   4   5   6   7   8   9   10

Enchainez les 2 exercices sans temps de pause, puis prendre la récup. à la fin du 2ème exercice. La charge est comprise entre 40-50% de 1 RM.

1

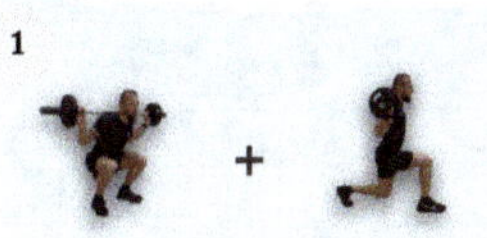

```
12 rep's ..... kilos + 16 rep's .....kilos - R.90"
12 rep's ..... kilos + 16 rep's .....kilos - R.90"
12 rep's ..... kilos + 16 rep's .....kilos - R.90"
```

2

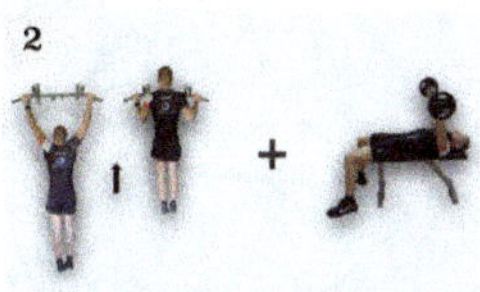

```
8 rep's ..... kilos + 12 rep's .....kilos - R.90"
8 rep's ..... kilos + 12 rep's .....kilos - R.90"
8 rep's ..... kilos + 12 rep's .....kilos - R.90"
```

3

```
12 rep's ..... kilos + 12 rep's .....kilos - R.90"
12 rep's ..... kilos + 12 rep's .....kilos - R.90"
12 rep's ..... kilos + 12 rep's .....kilos - R.90"
```

4

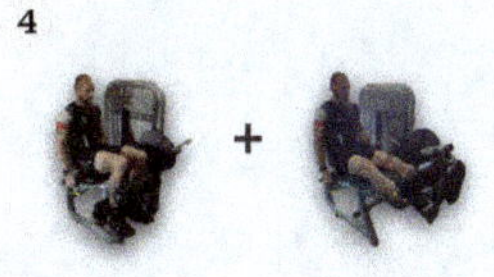

```
12 rep's ..... kilos + 12 rep's .....kilos - R.90"
12 rep's ..... kilos + 12 rep's .....kilos - R.90"
12 rep's ..... kilos + 12 rep's .....kilos - R.90"
```

5

```
15 rep's ..... kilos + 16 rep's .....kilos - R.90"
15 rep's ..... kilos + 16 rep's .....kilos - R.90"
15 rep's ..... kilos + 16 rep's .....kilos - R.90"
```

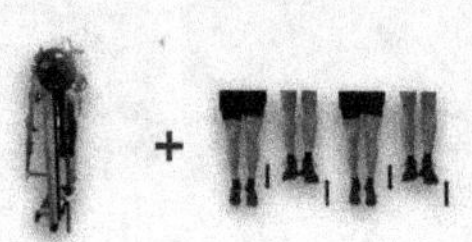

20 rep's ..... kilos + 20 rep's .....kilos - R.75"
20 rep's ..... kilos + 20 rep's .....kilos - R.75"
20 rep's ..... kilos + 20 rep's .....kilos - R.75"

30" gainage   30" droite & gauche   30" superman
30" de récupération entre les tours.
3 tours.

Votre ressenti :

Vos douleurs :

Votre état de fatigue :   1   2   3   4   5   6   7   8   9   10

Corps de séance :

- 30' de footing d'échauffement.
- 2 séries.
- 8 répétitions.
- 10 burpees (peut être remplacé par exercice de grip ou autre) + 200 mètres de course entre 80-90% de VMA.
- Récupération passive de 45" (à 1' pour les plus débutants).
- Exemple sur 1 répétition =

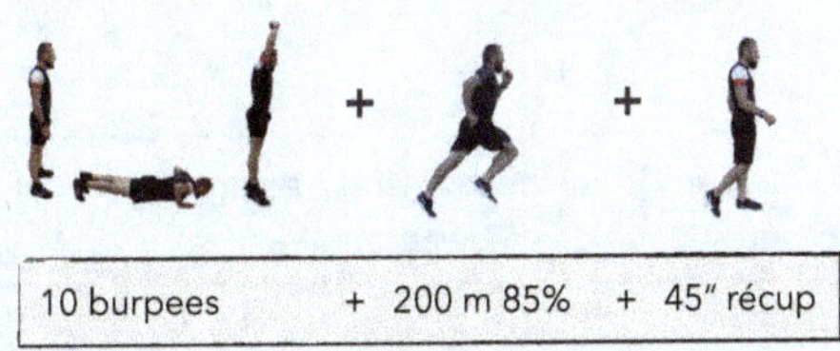

Récupération : 20' de retour au calme.

Vos chronos et retours de la séance :

Vos douleurs :

Nombre de kilomètres :

État de fatigue :   1   2   3   4   5   6   7   8   9   10

Corps de séance :

 45' à 1h : allure comprise entre 55-70% de VMA ou 65-75% de FCM*.

⚠	Il est primordial de bien respecter l'allure, car il s'agit d'une séance de "récupération active".

Vos chronos et retours de la séance :

Vos douleurs :

Nombre de kilomètres :

⭐ Sur le circuit training alterné (CTA), il s'agit d'effectuer une série d'exercices de plusieurs répétitions le plus rapidement possible sur un temps de **35"**, suivi d'une récupération de **25"** avant d'enchainer l'exercice suivant.

▶ **L'échauffement :** 20 à 30' d'un appareil cardio, ou vous pouvez commencer directement le CTA si vous manquez de temps. Néanmoins, veillez à faire le 1er tour lentement, car il vous servira d'échauffement, pour faire monter votre température corporelle et musculaire, ce qui vous évitera des blessures.

Corps de séance :

▶ 3 à 4 tours.
▶ 12'.
▶ 35" d'un exercice le plus rapidement possible.
▶ 25" de récupération passive (ou faire de la proprioception).
▶ 3' à 4' de récupération passive entre les tours.
▶ Faire du gainage sans temps de pause à la fin de chaque tour.

Lorsque vous allez vite, vos mouvements peuvent se dégrader et risquent de vous blesser. Faites donc attention à vos placements.

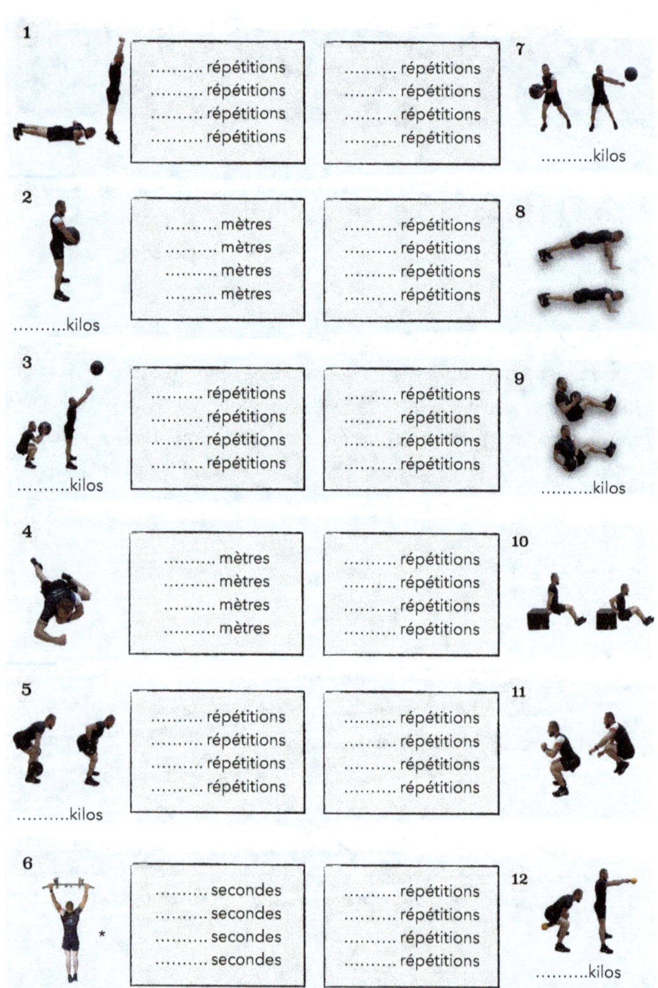

*Exercice de suspension à la barre fixe, voir page 128.

Corps de séance :

- 30' de footing d'échauffement.
- 15 à 20 répétitions.
- 500 mètres.
- 85-88% de votre VMA*.
- Récupération active de 1' à 30-40% de VMA.
- **Ou** vous pouvez faire : 2 séries.
- 8 à 10 répétitions.
- 400 à 500 mètres.
- 85-88% VMA.
- Récupération active de 1' à 1'15" entre 30-40% de VMA.

> *** Rappel :** Le % du seuil anaérobie peut être différent selon votre niveau. Ici c'est entre 85 et 88%, mais il peut correspondre de 70% à 77% en fonction de votre indice d'endurance.

Récupération : 15' de retour au calme.

Vos chronos et retours de la séance :

Vos douleurs :

Nombre de kilomètres :

État de fatigue :   1   2   3   4   5   6   7   8   9   10

Vos kilomètres ainsi que le dénivelé en course à pied de la semaine :

....
....
....
....

Vos kilomètres ainsi que le dénivelé à vélo de la semaine :

....
....
....
....

Votre ressenti :

....
....
....
....
....
....
....
....
....
....
....
....
....

Vos douleurs :

....
....
....
....
....
....

État de fatigue : 1 2 3 4 5 6 7 8 9 10

Enchainez les 3 exercices sans temps de pause, puis prendre la récupération à la fin du 3ème exercice.
Récupération de 1'30" à 2' à la fin de chaque série.
La charge est comprise entre 40-50% 1 RM.

1

12 rep's ..... kilos	+	16 rep's .....kilos	+	12 rep's .....kilos
12 rep's ..... kilos	+	16 rep's .....kilos	+	12 rep's .....kilos
12 rep's ..... kilos	+	16 rep's .....kilos	+	12 rep's .....kilos

2

8 rep's ..... kilos	+	12 rep's .....kilos	+	12 rep's .....kilos
8 rep's ..... kilos	+	12 rep's .....kilos	+	12 rep's .....kilos
8 rep's ..... kilos	+	12 rep's .....kilos	+	12 rep's .....kilos

3

12 rep's ..... kilos	+	10 rep's .....kilos	+	12 rep's .....kilos
12 rep's ..... kilos	+	10 rep's .....kilos	+	12 rep's .....kilos
12 rep's ..... kilos	+	10 rep's .....kilos	+	12 rep's .....kilos

4

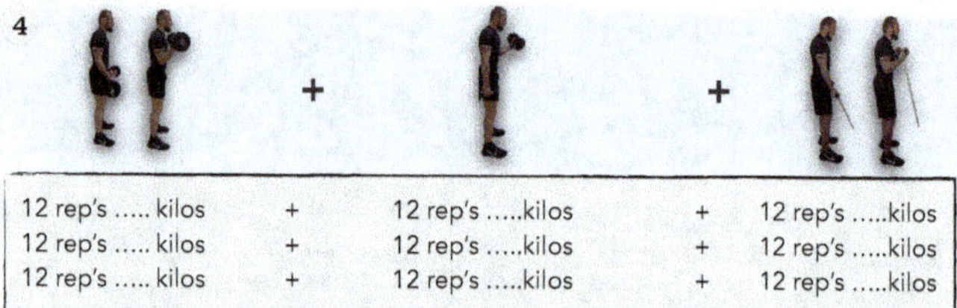

12 rep's ..... kilos	+	12 rep's .....kilos	+	12 rep's .....kilos
12 rep's ..... kilos	+	12 rep's .....kilos	+	12 rep's .....kilos
12 rep's ..... kilos	+	12 rep's .....kilos	+	12 rep's .....kilos

5

12 rep's ..... kilos	+	15 rep's .....kilos	+	12 rep's .....kilos
12 rep's ..... kilos	+	15 rep's .....kilos	+	12 rep's .....kilos
12 rep's ..... kilos	+	15 rep's .....kilos	+	12 rep's .....kilos

6

20 rep's ..... kilos	+	15 rep's .....kilos	+	20 rep's .....kilos
20 rep's ..... kilos	+	15 rep's .....kilos	+	20 rep's .....kilos
20 rep's ..... kilos	+	15 rep's .....kilos	+	20 rep's .....kilos

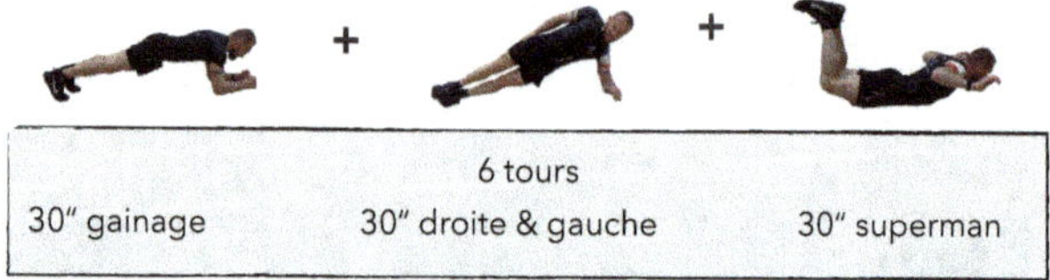

	6 tours	
30" gainage	30" droite & gauche	30" superman

L'accumulation des exercices engendre de la fatigue et pourraient dégrader votre mouvement. Il est préférable de diminuer les charges et d'avoir des mouvements propres plutôt que l'inverse.

Corps de séance :

- 30' de footing d'échauffement.
- 3 séries.
- 3 répétitions.
- 300 mètres - récup. 100 mètres - 200 mètres - récup 100 mètres.
- Allure : entre 90% et 95% VMA.
- <u>Exemple sur 1 répétition</u> =
  300 mètres entre 90-95% - Récup 100 mètres en footing actif 30-40% puis 200 mètres entre 90-95% et récupération active 100 mètres entre 30-40%, puis repartir sur le 300 m - récup 100 m puis 200 m - récup 100 m - 300 m - récup 100 m - 200 m - récup. 3'..
- 2'30" à 3' de récupération passive entre les séries.

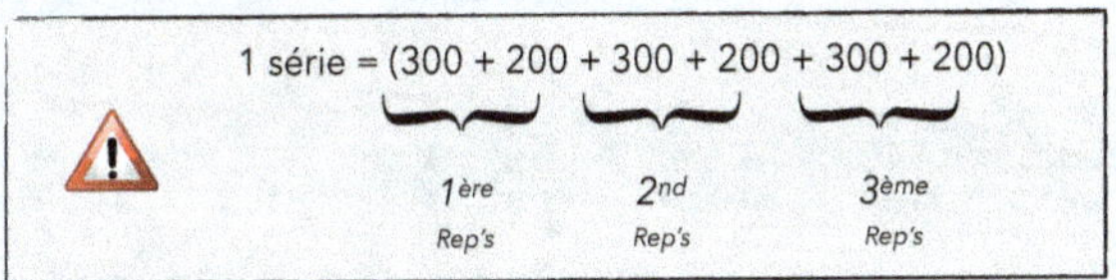

Récupération : 10' de retour au calme.

Vos chronos et retours de la séance :

Vos douleurs :

Nombre de kilomètres :

État de fatigue :   1   2   3   4   5   6   7   8   9   10

Corps de séance :

- 30′ de footing d'échauffement.
- 1 série.
- 25′ à 30′.
- 75% de VMA ou 85% FCM.
- Récupération active de 2′30″ à 30-40% VMA.

> Enchainez la séance sans marquer de temps de pause.
> Il est important de bien respecter les allures pour ne pas engendrer de fatigue supplémentaire.

Récupération : 10′ de retour au calme.

Vos chronos et retours de la séance :

Vos douleurs :

Nombre de kilomètres :

État de fatigue :　　1　　2　　3　　4　　5　　6　　7　　8　　9　　10

Séance en méthode de pré-fatigue (à 1 exercice) : bien évidemment, il est possible de mettre la pré-fatigue en super-série ou d'effectuer la séance en post-fatigue. L'intensité est comprise entre 70-75% de 1 RM.*

1

+

```
10 rep's ..... kilos + 1 passage de 20 à 45" - R.3'
10 rep's ..... kilos + 1 passage de 20 à 45" - R.3'
10 rep's ..... kilos + 1 passage de 20 à 45" - R.3'
```

2

+

```
12 rep's ..... kilos + 1 passage de 20 à 45" - R.3'
12 rep's ..... kilos + 1 passage de 20 à 45" - R.3'
12 rep's ..... kilos + 1 passage de 20 à 45" - R.3'
```

3

+

```
12 rep's ..... kilos + 1 passage de 20 à 45" - R.3'
12 rep's ..... kilos + 1 passage de 20 à 45" - R.3'
12 rep's ..... kilos + 1 passage de 20 à 45" - R.3'
```

4

+

```
10 rep's ..... kilos + 1 passage de 20 à 45" - R.3'
10 rep's ..... kilos + 1 passage de 20 à 45" - R.3'
10 rep's ..... kilos + 1 passage de 20 à 45" - R.3'
```

* *Voir livre : la préparation physique aux courses à obstacles page 146.*

Pensez à changer vos accessoires lors des passages de monkey. Si vous n'avez pas accès à un monkey, ce travail peut être effectué sur une barre fixe à domicile.

Corps de séance :

- 30′ de footing d'échauffement.
- 8 à 10 répétitions.
- 600 mètres.
- 85-88% de votre VMA*.
- Récupération active de 1′15″ à 1′30″ à 30-40% de VMA.
- **Ou** vous pouvez faire : 3 séries.
- 3 à 4 répétitions.
- 600 mètres.
- 85-88% VMA.
- Récup. active de 1′30″ à 30-40% de VMA entre les répétitions.
- Récup. passive de 3′ entre les séries.

> *** Rappel :** Le % du seuil anaérobie peut être différent selon votre niveau. Ici c'est entre 85 et 88%, mais il peut correspondre de 70% à 77% en fonction de votre indice d'endurance.

Récupération : 15′ de retour au calme.

Vos chronos et retours de la séance :

Vos douleurs :

Nombre de kilomètres :

État de fatigue :   1   2   3   4   5   6   7   8   9   10

Vos kilomètres ainsi que le dénivelé en course à pied de la semaine :

....
....
....
....

Vos kilomètres ainsi que le dénivelé à vélo de la semaine :

....
....
....
....

Votre ressenti :

....
....
....
....
....
....
....
....
....
....
....
....

Vos douleurs :

....
....
....
....
....
....

État de fatigue :   1   2   3   4   5   6   7   8   9   10

Enchainez les 3 exercices sans temps de pause, puis prendre la récup. à la fin du 3ème exercice. Charges comprisses entre 55-65% de 1 RM. Récupération d'1'30" à 2' à la fin de chaque série.

1

12 rep's ..... kilos	+	16 rep's .....kilos	+	12 rep's .....kilos
12 rep's ..... kilos	+	16 rep's .....kilos	+	12 rep's .....kilos
12 rep's ..... kilos	+	16 rep's .....kilos	+	12 rep's .....kilos

2

12 rep's ..... kilos	+	12 rep's .....kilos	+	12 rep's .....kilos
12 rep's ..... kilos	+	12 rep's .....kilos	+	12 rep's .....kilos
12 rep's ..... kilos	+	12 rep's .....kilos	+	12 rep's .....kilos

3

12 rep's ..... kilos	+	12 rep's .....kilos	+	12 rep's .....kilos
12 rep's ..... kilos	+	12 rep's .....kilos	+	12 rep's .....kilos
12 rep's ..... kilos	+	12 rep's .....kilos	+	12 rep's .....kilos

4

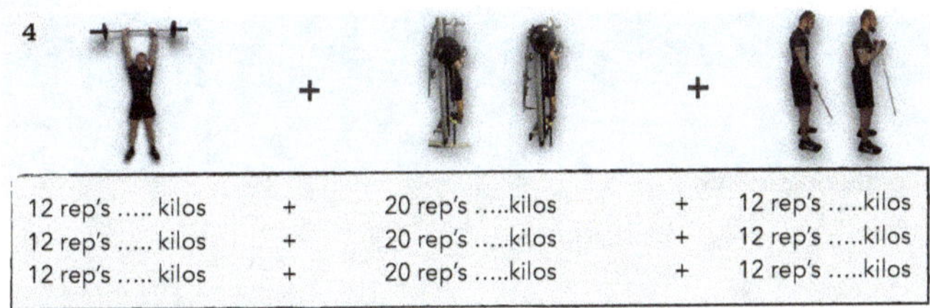

12 rep's ..... kilos	+	20 rep's .....kilos	+	12 rep's .....kilos
12 rep's ..... kilos	+	20 rep's .....kilos	+	12 rep's .....kilos
12 rep's ..... kilos	+	20 rep's .....kilos	+	12 rep's .....kilos

5

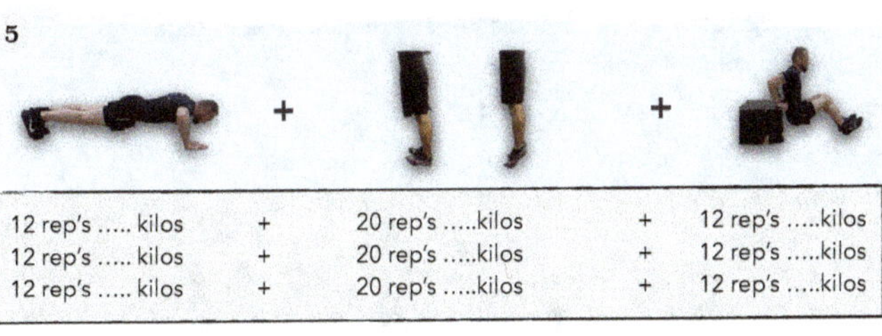

12 rep's ..... kilos	+	20 rep's .....kilos	+	12 rep's .....kilos
12 rep's ..... kilos	+	20 rep's .....kilos	+	12 rep's .....kilos
12 rep's ..... kilos	+	20 rep's .....kilos	+	12 rep's .....kilos

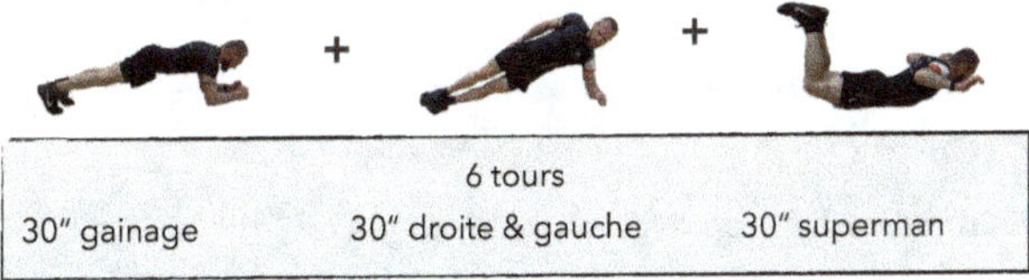

6 tours		
30" gainage	30" droite & gauche	30" superman

L'accumulation des exercices engendre de la fatigue et pourraient dégrader votre mouvement. Gardez en tête qu'il est préférable de diminuer les charges et d'avoir des mouvements propres plutôt que l'inverse.

Vos douleurs et retours de la séance :

Corps de séance :

▷ 30' de footing d'échauffement.

▷ 2 séries.

▷ 8 répétitions.

▷ 10 burpees (peu être remplacé par exercice de grip ou autre) + 400 mètres de course entre 75-85% de VMA.

▷ Récupération passive 1' à 1'15".

▷ 3' à 4' de récupération passive entre les 2 séries.

▷ <u>Exemple sur 1 répétition =</u>

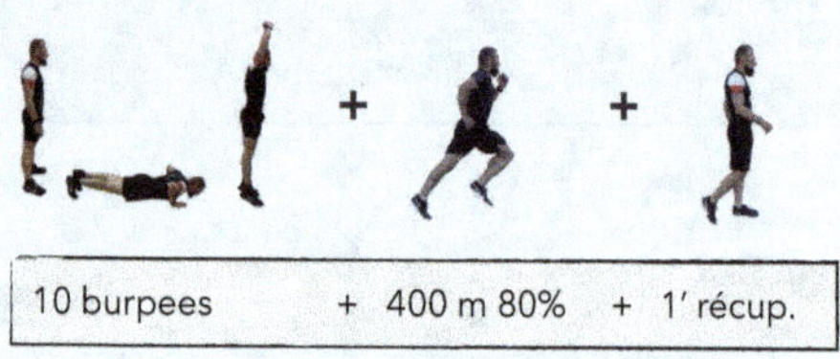

Récupération : 20' de retour au calme.

Vos chronos et retours de la séance :

Vos douleurs :

Nombre de kilomètres :

État de fatigue :   1   2   3   4   5   6   7   8   9   10

Corps de séance :

- 45' à 1h15'.
- Allure comprise entre 55-70% de VMA ou 65-75% de FCM*.
- **Ou**, faire une séance type « Grip » à la place de l'endurance fondamentale. Vous Pouvez aussi faire les 2.

*FCM : Fréquence cardiaque maximale. Pour savoir comment calculer votre FCM, se référer au livre : la préparation physique aux courses à obstacles page 55.

 Il est primordial de bien respecter l'allure, car il s'agit d'une séance de récupération.

Récupération :

Vos chronos et retours de la séance :

Vos douleurs :

Nombre de kilomètres :

État de fatigue :   1   2   3   4   5   6   7   8   9   10

⭐ Sur le circuit training alterné (CTA), il s'agit d'effectuer une série d'exercices de plusieurs répétitions le plus rapidement possible sur un temps de **45″**, suivi d'une récupération de **45″** en faisant de la proprioception sur bosu avant d'enchainer l'exercice suivant.

▶ **L'échauffement :** vous pouvez effectuer 20 à 30′ de course à pied ou d'un appareil cardio de votre choix.

Corps de séance :

▶ 2 tours.
▶ 12 exercices soit 18′ par tour.
▶ 45″ d'un exercice le plus rapidement possible.
▶ 45″ de récupération passive sur bosu ou waff.
▶ 3′ à 5′ de récupération passive entre les tours.
▶ Faire du gainage sans temps de pause à la fin de chaque tour.

Lorsque vous allez vite, votre mouvement peut se dégrader et risque de vous blesser. Faites donc attention à vos placements.

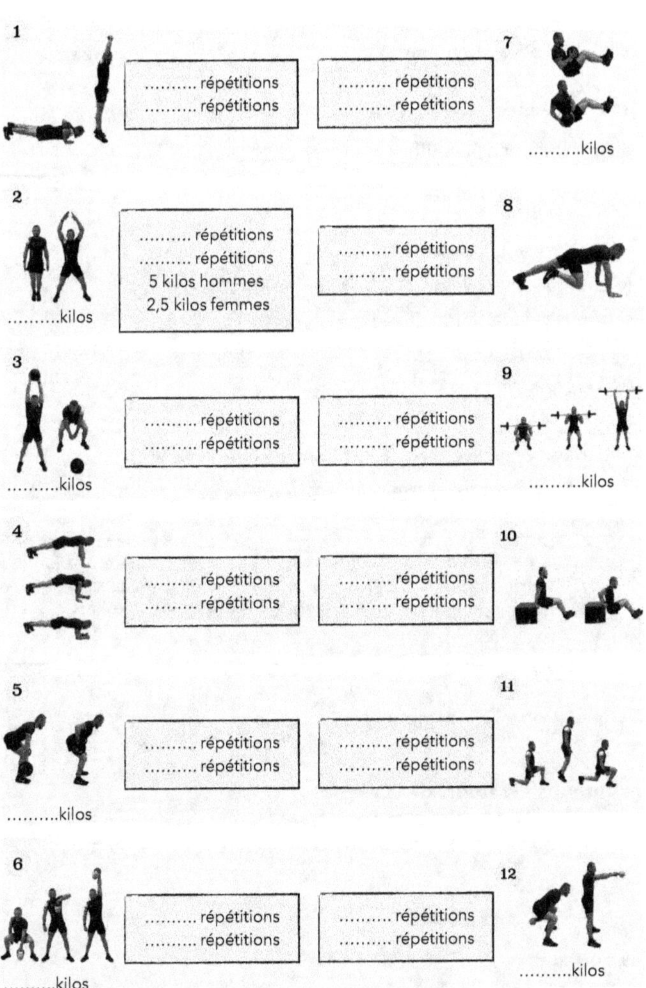

Vos douleurs et retours de la séance :

Corps de séance :

▸ 30′ de footing d'échauffement.

▸ 8 répétitions.

▸ 800 mètres.

▸ 85-88% de votre VMA*.

▸ Récupération active de 1′ à 1′15″ entre 30-40% de VMA.

▸ **Ou** vous pouvez faire : 3 séries.

▸ 3 répétitions.

▸ 800 mètres.

▸ 85-88% VMA.

▸ Récupération active de 1′ à 1′15″ entre 30-40% de VMA.

▸ 3′ de récupération passive entre les séries.

> *** Rappel :** Le % du seuil anaérobie peut être différent selon votre niveau. Ici c'est entre 85 et 88%, mais il peut correspondre de 70% à 77% en fonction de votre indice d'endurance.

Récupération : 15′ de retour au calme.

Vos chronos et retours de la séance :

Vos douleurs :

Nombre de kilomètres :

État de fatigue :   1   2   3   4   5   6   7   8   9   10

Vos kilomètres ainsi que le dénivelé en course à pied de la semaine :

....
....
....
....

Vos kilomètres ainsi que le dénivelé à vélo de la semaine :

....
....
....
....

Votre ressenti :

....
....
....
....
....
....
....
....
....
....
....
....
....
....
....

Vos douleurs :

....
....
....
....
....
....

État de fatigue :   1   2   3   4   5   6   7   8   9   10

Échauffement : Effectuez un échauffement de type cardio durant 20 à 30'. Pensez à monter en charge progressivement lorsque vous effectuez vos exercices de force.

6 répétions	.... kilos
6 répétions	.... kilos
6 répétions	.... kilos
6 répétions	.... kilos
6 répétions	.... kilos

3' à 5' de récupération entre les séries

6 répétions	.... kilos
6 répétions	.... kilos
6 répétions	.... kilos
6 répétions	.... kilos
6 répétions	.... kilos

3' à 5' de récupération entre les séries

6 répétions	.... kilos
6 répétions	.... kilos
6 répétions	.... kilos
6 répétions	.... kilos
6 répétions	.... kilos

2'30" à 3' de récupération entre les séries

En fin de séance : (sur vélo, rameur, écho bike, run…).
- 6 à 8 répétitions.
- 20" de travail et 1' active de récupération.
- 110% de VMA ou PMA et 30-40% sur la récupération.

Corps de séance :

- 30' de footing d'échauffement.
- 1 série.
- 12 à 15 répétitions.
- 200 mètres.
- 110% à 120% de VMA.
- Récupération passive (en marchant) de 1'30".

Récupération : 10' de retour au calme.

Vos chronos et retours de la séance :

Vos douleurs :

Nombre de kilomètres :

État de fatigue :   1   2   3   4   5   6   7   8   9   10

Corps de séance :

- 30' de footing d'échauffement.
- 1 série.
- 8 répétitions.
- <u>Exemple sur 1 répétition = 4'.</u>
  - 1' à 85% de VMA puis 1' de récupération active à 40%.
  - 1' d'un exercice de votre choix puis 1' de récupération active.
- ⚠️ Travail de 32'. Les répétitions sont à enchainer sans temps de pause, car les 1' active à 40% servent de récupération active.

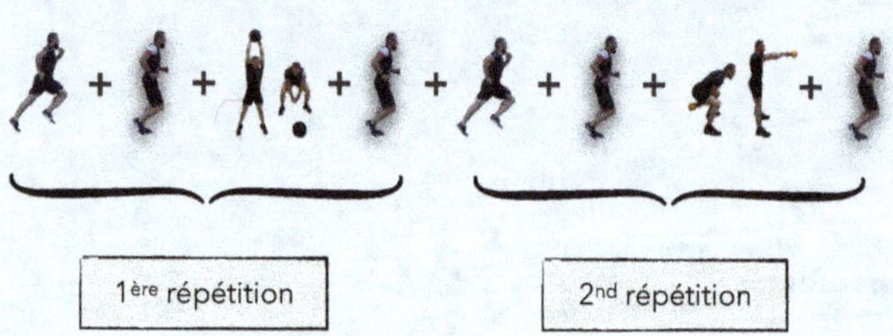

Récupération : 20' de retour au calme.

Vos chronos et retours de la séance :

Vos douleurs :

Nombre de kilomètres :

État de fatigue :   1   2   3   4   5   6   7   8   9   10

Corps de séance :

- 40′ de footing d'échauffement.
- 1 série.
- 12′ progressif.
- Commencer à 75% de VMA puis finir à 85% VMA ou 85-93% FCM.

 Il s'agit d'introduire un seuil progressif dans du travail de capacité aérobie.

Récupération : 15′ de retour au calme

Vos chronos et retours de la séance :

Vos douleurs :

Nombre de kilomètres :

État de fatigue :   1   2   3   4   5   6   7   8   9   10

Corps de séance :

▶ 30' de footing d'échauffement.

▶ 6 répétitions.

▶ 1000 mètres.

▶ 85-88% de votre VMA*.

▶ Récupération active de 1'15" à 1'30" entre 30-40% de VMA.

▶ **Ou** vous pouvez faire : 3 séries.

▶ 2 répétitions.

▶ 1000 mètres.

▶ 85-88% VMA

▶ Récupération active de 1'30" entre 30-40% de VMA.

*** Rappel :** Le % du seuil anaérobie peut être différent selon votre niveau. Ici c'est entre 85 et 88%, mais il peut correspondre de 70% à 77% en fonction de votre indice d'endurance.

Récupération : 15' de retour au calme.

Vos chronos et retours de la séance :

Vos douleurs :

Nombre de kilomètres :

État de fatigue :   1   2   3   4   5   6   7   8   9   10

Vos kilomètres ainsi que le dénivelé en course à pied de la semaine :

....
....
....

....

Vos kilomètres ainsi que le dénivelé à vélo de la semaine :

....
....
....
....

Votre ressenti :

....
....
....
....
....
....
....
....
....
....
....
....
....

Vos douleurs :

....
....
....
....
....
....

État de fatigue :   1   2   3   4   5   6   7   8   9   10

Échauffement : Effectuez un échauffement de type cardio durant 20 à 30'. Pensez à monter en charge progressivement lorsque vous effectuez vos exercices de force.

3' à 5' de récupération entre les séries	▸ 6 répétitions .... kilos ▸ 6 répétitions .... kilos ▸ 6 répétitions .... kilos ▸ 6 répétitions .... kilos ▸ 6 répétitions .... kilos

3' à 5' de récupération entre les séries	▸ 6 répétitions .... kilos ▸ 6 répétitions .... kilos ▸ 6 répétitions .... kilos ▸ 6 répétitions .... kilos ▸ 6 répétitions .... kilos

2'30" à 3' de récupération entre les séries	▸ 6 répétitions .... kilos ▸ 6 répétitions .... kilos ▸ 6 répétitions .... kilos ▸ 6 répétitions .... kilos ▸ 6 répétitions .... kilos

En fin de séance : (sur vélo, rameur, écho bike, run…).
▸ 8 à 10 répétitions.
▸ 20" de travail et 1' active de récupération.
▸ 110% de VMA ou PMA et 30-40% sur la récupération.

Corps de séance :

- 30 à 40' de footing d'échauffement.
- % de la pente : entre 6 et 8%.
- 15 répétitions.
- 40".
- Entre 80 et 90% de VMA - 88-95% FCM.
- Récupération : 30" en marchant lors de la descente, puis le reste en petit footing actif.

> Vérifiez votre % de pente avec des applications ou votre montre.
> Si le % de côte est plus raide, il vous sera très difficile de maintenir l'allure.

Récupération : 15' de retour au calme.

Vos chronos et retours de la séance :

Vos douleurs :

Nombre de kilomètres & D+ :

État de fatigue :　　1　　2　　3　　4　　5　　6　　7　　8　　9　　10

Corps de séance :

- 30' de footing d'échauffement.
- 2 séries.
- 6 à 8 répétitions.
- 10 burpees + 200 mètres de course entre 75-85% de VMA + 10 burpees + 200 mètres entre 75-85%.
- Récupération passive 1' à 1'15".
- 3' à 4' de récupération passive entre les 2 séries.
- Exemple sur 1 répétition =

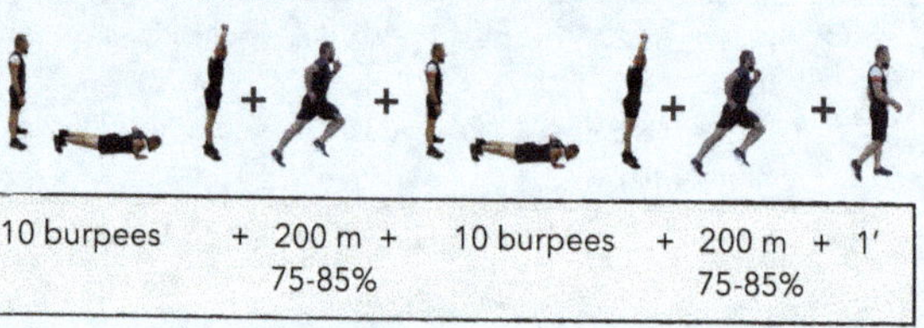

10 burpees	+ 200 m + 75-85%	10 burpees	+ 200 m + 1' 75-85%

Récupération : 20' de retour au calme.

Vos chronos et retours de la séance :

Vos douleurs :

Nombre de kilomètres :

État de fatigue :   1   2   3   4   5   6   7   8   9   10

Corps de séance :

- 40′ de footing d'échauffement.
- 1 série.
- 15′ progressif.
- Commencer à 75% de VMA puis finir à 85% ou 85-93% FCM.

 Il s'agit d'introduire un seuil progressif dans du travail de capacité aérobie.

Récupération : 15′ de retour au calme.

Vos chronos et retours de la séance :

Vos douleurs :

Nombre de kilomètres :

État de fatigue :   1   2   3   4   5   6   7   8   9   10

Corps de séance :

▶ 30' de footing d'échauffement.

▶ 1 série.

▶ 15 répétitions.

▶ 300 mètres.

▶ 100% à 110% de VMA.

▶ Récupération passive (en marchant) de 1'30".

▶ Cette séance est en **option**, c'est-à-dire qu'elle n'est pas obligatoire et vous pouvez faire la séance 6.

 Il est important de bien respecter une récupération passive afin de pouvoir aller vite sur la continuité des répétitions.

Récupération : 10' de retour au calme.

Vos chronos et retours de la séance :

Vos douleurs :

Nombre de kilomètres :

État de fatigue :   1   2   3   4   5   6   7   8   9   10

Corps de séance :

- 30 à 40′ de footing d'échauffement.
- 4 répétitions.
- 1500 mètres.
- 85-88% de votre VMA*.
- Récupération active de 1′15″ à 1′30″ entre 30-40%.
- **Ou** vous pouvez faire : 4 séries.
- 800 mètres + 600 mètres
- 85-88% VMA.
- Récupération active de 1′ à 1′15″ entre 30-40% de VMA.
- 3′ de récupération passive entre les séries.

> *** Rappel :** Le % du seuil anaérobie peut être différent selon votre niveau. Ici c'est entre 85 et 88%, mais il peut correspondre de 70% à 77% en fonction de votre indice d'endurance.

Récupération : 15′ de retour au calme.

Vos chronos et retours de la séance :

Vos douleurs :

Nombre de kilomètres :

État de fatigue :   1   2   3   4   5   6   7   8   9   10

Bilan de la semaine 8

Vos kilomètres ainsi que le dénivelé en course à pied de la semaine :

....
....
....

Vos kilomètres ainsi que le dénivelé à vélo de la semaine :

....
....
....
....

Votre ressenti :

....
....
....
....
....
....
....
....
....
....
....
....

Vos douleurs :

....
....
....
....
....

État de fatigue :   1   2   3   4   5   6   7   8   9   10

Échauffement : Effectuez un échauffement de type cardio durant 20 à 30'. Pensez à monter en charge progressivement lorsque vous effectuez vos exercices de force.

3' à 5' de récupération entre les séries	▸ 6 répétitions .... kilos ▸ 6 répétitions .... kilos ▸ 6 répétitions .... kilos ▸ 6 répétitions .... kilos ▸ 6 répétitions .... kilos

3' à 5' de récupération entre les séries	▸ 6 répétitions .... kilos ▸ 6 répétitions .... kilos ▸ 6 répétitions .... kilos ▸ 6 répétitions .... kilos ▸ 6 répétitions .... kilos

2'30" à 3' de récupération entre les séries	▸ 6 répétitions .... kilos ▸ 6 répétitions .... kilos ▸ 6 répétitions .... kilos ▸ 6 répétitions .... kilos ▸ 6 répétitions .... kilos

En fin de séance : (sur vélo, rameur, écho bike, run…).
▸ 10 à 12 répétitions.
▸ 20" de travail et 1' active de récupération.
▸ 110% de VMA ou PMA et 30-40% sur la récupération.

Corps de séance :

- 40′ de footing d'échauffement.
- % de la pente : entre 6 et 8%.
- 10 répétitions.
- 1′.
- Entre 85 et 90% de VMA - 93-95% FCM.
- Récupération : descente en petit footing entre 30-40%.

Vérifiez votre % de pente avec des applications ou votre montre.
Veillez à être bien placé.

Récupération : 15′ de retour au calme.

Vos chronos et retours de la séance :

Vos douleurs :

Nombre de kilomètres & D+ :

État de fatigue :   1   2   3   4   5   6   7   8   9   10

Corps de séance :

- ▶ 30' de footing d'échauffement.
- ▶ 1 série.
- ▶ 6 répétitions.
- ▶ <u>Exemple sur 1 répétition = 6'.</u>
- ➤ 1'30" à 85% de VMA puis 1'30" de récupération active à 40%.
- ➤ 1'30" d'un exercice de votre choix puis 1'30" de récupération active.
- ▶ ⚠ Travail de 36'. Les répétitions sont à enchainer sans temps de pause, car les 1'30" active à 40% servent de récupération.

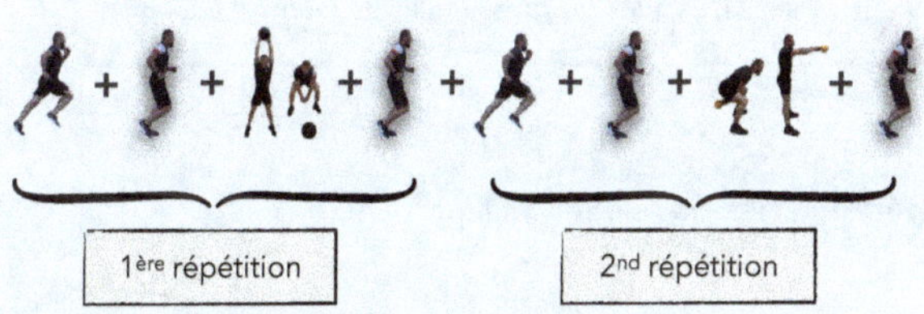

Récupération : 20' de retour au calme.

Vos chronos et retours de la séance :

Vos douleurs :

Nombre de kilomètres :

État de fatigue :   1   2   3   4   5   6   7   8   9   10

Corps de séance :

- 40′ de footing d'échauffement.
- 1 série.
- 12′ au seuil anaérobie : 80% de VMA - 85-88% FCM.

 Le seuil n'est plus progressif mais de manière continue.

Récupération : 15′ de retour au calme.

Vos chronos et retours de la séance :

Vos douleurs :

Nombre de kilomètres :

État de fatigue :   1   2   3   4   5   6   7   8   9   10

Corps de séance :

▷ 30 à 40' de footing d'échauffement.

▷ % Pente : 6 à 8%.

▷ Effectuer un exercice de votre choix avant chaque côtes.

▷ 10 à 12 répétitions.

▷ 1 exercice + 400 mètres (200 m en montée et 200 m descente).

Exemple :

> 30 fentes sautées + 200 m 80% VMA + descente footing

Les exercices peuvent être différents :

▷ 15 burpees ou 50 m de rampé ou 6 à 8 tractions…

> ▷ L'intensité va dépendre de votre niveau, mais aussi du type de pentes ainsi que son %.
>
> ▷ L'idéal serait une allure comprise entre 80-85% de VMA ou 88-93% FCM.
>
> ▷ Il sera donc normal d'être en-dessous de vos valeurs.

Vos chronos et retours de la séance :

Vos douleurs :

Nombre de kilomètres & D+ :

État de fatigue :　　1　　2　　3　　4　　5　　6　　7　　8　　9　　10

<u>Vos kilomètres ainsi que le dénivelé en course à pied de la semaine :</u>

....
....
....
....

<u>Vos kilomètres ainsi que le dénivelé à vélo de la semaine :</u>

....
....
....
....

<u>Votre ressenti :</u>

....
....
....
....
....
....
....
....
....
....
....
....
....

<u>Vos douleurs :</u>

....
....
....
....
....
....

État de fatigue : 1 2 3 4 5 6 7 8 9 10

Échauffement : Effectuez un échauffement de type cardio durant 20 à 30'. Pensez à monter en charge progressivement lorsque vous effectuez vos exercices de force.

3' à 5' de récupération entre les séries	‣ 4 répétitions .... kilos ‣ 4 répétitions .... kilos ‣ 3 répétitions .... kilos ‣ 3 répétitions .... kilos ‣ 3 répétitions .... kilos

3' à 5' de récupération entre les séries	‣ 4 répétitions .... kilos ‣ 4 répétitions .... kilos ‣ 3 répétitions .... kilos ‣ 3 répétitions .... kilos ‣ 3 répétitions .... kilos

2'30" à 3' de récupération entre les séries	‣ 4 répétitions .... kilos ‣ 4 répétitions .... kilos ‣ 4 répétitions .... kilos ‣ 3 répétitions .... kilos ‣ 3 répétitions .... kilos

En fin de séance : (sur vélo, rameur, écho bike, run…).
‣ 10 à 12 répétitions.
‣ 20" de travail et 1' active de récupération.
‣ 110% de VMA ou PMA et 30-40% sur la récupération.

Corps de séance :

- 30' de footing d'échauffement.
- 1 série.
- 12 répétitions.
- 400 mètres.
- 100% à 105% de VMA.

 Il est important de bien respecter une récupération passive afin de pouvoir aller vite sur la continuité des répétitions.

Récupération : 10' de retour au calme.

Vos chronos et retours de la séance :

Vos douleurs :

Nombre de kilomètres :

État de fatigue :   1   2   3   4   5   6   7   8   9   10

Corps de séance :

- 30′ de footing d'échauffement.
- 2 séries.
- 6 répétitions.
- 10 burpees + 200 mètres de course entre 75-85% de VMA + 10 burpees + 600 mètres entre 75-85%.
- Récupération passive 1'30" à 1'45".
- 3' à 4' de récupération passive entre les 2 séries.
- <u>Exemple sur 1 répétition</u> =

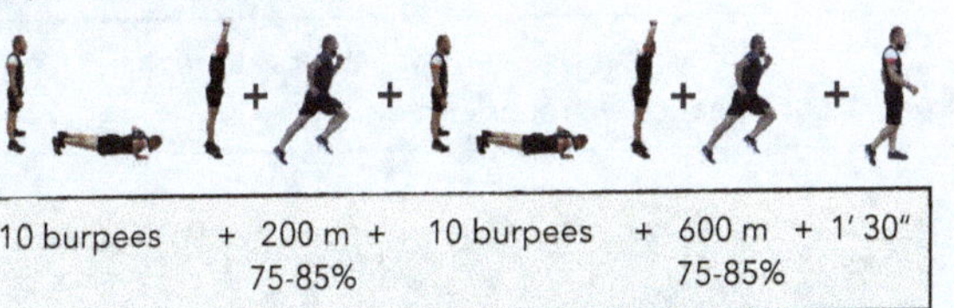

Récupération : 20′ de retour au calme.

Vos chronos et retours de la séance :

Vos douleurs :

Nombre de kilomètres :

État de fatigue :   1   2   3   4   5   6   7   8   9   10

Corps de séance :

▸ 45' à 1h15' de footing : allure comprise entre 55-70% de VMA ou 65-75% de FCM*.

▸ **Ou**, faire une séance type « Grip » à la place de l'endurance fondamentale. Vous Pouvez aussi faire les 2.

 Il est primordial de bien respecter l'allure, car il s'agit d'une séance de récupération.

Récupération :

Vos chronos et retours de la séance :

Vos douleurs :

Nombre de kilomètres :

État de fatigue :   1   2   3   4   5   6   7   8   9   10

Corps de séance :

- 30′ de footing d'échauffement.
- 3 répétitions.
- 2000 mètres.
- 85-88% de votre VMA*.
- Récupération active entre 30-40% de VMA d'1′30″ à 1′45″ voir 2′30″ pour les plus débutants.

Récupération : 15′ de retour au calme.

Vos chronos et retours de la séance :

Vos douleurs :

Nombre de kilomètres :

État de fatigue :   1   2   3   4   5   6   7   8   9   10

<u>Vos kilomètres ainsi que le dénivelé en course à pied de la semaine</u> :

....
....
....
....

<u>Vos kilomètres ainsi que le dénivelé à vélo de la semaine</u> :

....
....
....
....

<u>Votre ressenti</u> :

....
....
....
....
....
....
....
....
....
....
....
....
....
....

<u>Vos douleurs</u> :

....
....
....
....
....
....

État de fatigue :   1   2   3   4   5   6   7   8   9   10

Échauffement : Effectuez un échauffement de type cardio durant 20 à 30'. Pensez à monter en charge progressivement lorsque vous effectuez vos exercices de force.

	‣ 3 répétitions	.... kilos
	‣ 3 répétitions	.... kilos
	‣ 3 répétitions	.... kilos
3' à 5' de récupération	‣ 3 répétitions	.... kilos
entre les séries	‣ 3 répétitions	.... kilos

	‣ 3 répétitions	.... kilos
	‣ 3 répétitions	.... kilos
	‣ 3 répétitions	.... kilos
3' à 5' de récupération	‣ 3 répétitions	.... kilos
entre les séries	‣ 3 répétitions	.... kilos

	‣ 3 répétitions	.... kilos
	‣ 3 répétitions	.... kilos
	‣ 3 répétitions	.... kilos
2'30" à 3' de récupération	‣ 3 répétitions	.... kilos
entre les séries	‣ 3 répétitions	.... kilos

En fin de séance : (sur vélo, rameur, écho bike, run…).
▸ 10 à 12 répétitions.
▸ 20" de travail et 1' active de récupération.
▸ 110% de VMA ou PMA et 30-40% sur la récupération.

Corps de séance :

- 30' de footing d'échauffement.
- 2 séries.
- 8 à 10 répétitions.
- 100 mètres **avec** "porté" puis 200 mètres **sans** "porté" entre 80-90% VMA.
- Récupération passive (en marchant) ou active de 1'15" à 1'30".
- 3 à 4' de récup passive entre les 2 séries.
- Exemple sur 1 répétition =

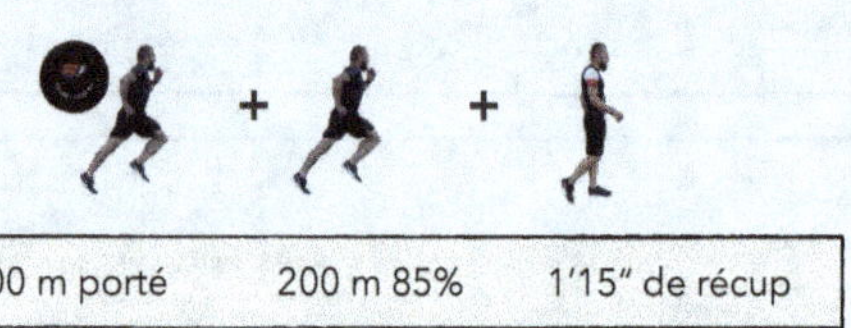

100 m porté	200 m 85%	1'15" de récup

Récupération : 10' de retour au calme.

Vos chronos et retours de la séance :

Vos douleurs :

Nombre de kilomètres :

État de fatigue :   1   2   3   4   5   6   7   8   9   10

Corps de séance :

- 1h15' à 1h30' : allure comprise entre 55-70% de VMA ou 65-75% de FCM.
- Toutes les 5', effectuez 30 burpees ou un exercice de votre choix sur une durée de 2'.

> Il est primordial de bien respecter l'allure, car il s'agit d'une séance de récupération en ajoutant un exercice afin de choquer l'organisme, et de l'habituer à fournir un effort plus important à une faible intensité.

Récupération :

Vos chronos et retours de la séance :

Vos douleurs :

Nombre de kilomètres :

État de fatigue :　　1　　2　　3　　4　　5　　6　　7　　8　　9　　10

> Après 30'
> d'échauffement sur
> un appareil de
> votre choix faire :

> 2 tours

> 45" d'un exercice
> puis 45" de
> récupération en
> cardio.

> Le cardio peut être
> à vélo ou avec
> rameur, assaut
> bike, skierg, corde
> à sauter…

> Récup. entre 70%
> et 80% de VMA/
> PMA

> 80% - 90% FCM

> 3 à 4' de
> récupération entre
> les 2 tours

Corps de séance :

▶ 30 à 40' de footing d'échauffement.

▶ % de la pente : entre 6 et 8%.

▶ 8 répétitions.

▶ 300 mètres.

▶ Entre 80% à 85% de VMA.

▶ Récupération : descente en petit footing.

▶ 8 répétitions.

▶ 200 mètres.

▶ 85% à 90% de VMA.

▶ Récupération : descente en petit footing.

 Si séance sur tapis, la récupération sera de 2 fois le temps d'effort.

Récupération : 15' de retour au calme.

Vos chronos et retours de la séance :

Vos douleurs :

Nombre de kilomètres & D+ :

État de fatigue :   1   2   3   4   5   6   7   8   9   10

Vos kilomètres ainsi que le dénivelé en course à pied de la semaine :

....
....
....
....

Vos kilomètres ainsi que le dénivelé à vélo de la semaine :

....
....
....
....

Votre ressenti :

....
....
....
....
....
....
....
....
....
....
....
....
....

Vos douleurs :

....
....
....
....
....
....

État de fatigue :   1   2   3   4   5   6   7   8   9   10

Échauffement : Effectuez un échauffement de type cardio durant 20 à 30'. Pensez à monter en charge progressivement lorsque vous effectuez vos exercices de force.

3' à 5' de récupération entre les séries	▸ 6 répétitions .... kilos ▸ 6 répétitions .... kilos ▸ 6 répétitions .... kilos ▸ 6 répétitions .... kilos ▸ 6 répétitions .... kilos

3' à 5' de récupération entre les séries	▸ 3 répétitions (90%) .... kilos ▸ 3 répétitions (90%) .... kilos ▸ 3 répétitions (90%) .... kilos ▸ 4 répétitions (85%) .... kilos ▸ 3 répétitions .... kilos

2'30" à 3' de récupération entre les séries	▸ 6 répétitions .... kilos ▸ 6 répétitions .... kilos ▸ 5 répétitions .... kilos ▸ 3 répétitions .... kilos ▸ 3 répétitions .... kilos

En fin de séance : (sur vélo, rameur, écho bike, run…).
▸ 10 à 12 répétitions.
▸ 20" de travail et 1' active de récupération.
▸ 110% de VMA ou PMA et 30-40% sur la récupération.

Corps de séance :

▶ 30' de footing d'échauffement.

▶ 1 série.

▶ 8 à 10 répétitions.

▶ 10 burpees + 200 mètres de course entre 80-90% de VMA + 10 burpees + 600 mètres entre 75-85% + 200 mètres de course entre 80% à 85%.

▶ Récupération passive 2'15".

▶ <u>Exemple sur 1 répétition</u> =

10 B.	+ 200 m	+ 10 B.	+ 600 m	+ 10 B.	+ 200 m
	80-90%		75-85%		80-85%

Récupération : 10' à 20' de retour au calme.

Vos chronos et retours de la séance :

Vos douleurs :

Nombre de kilomètres :

État de fatigue :   1   2   3   4   5   6   7   8   9   10

Corps de séance :

▷ 45' à 1h15' : Allure comprise entre 55-70% de VMA ou 65-75% de FCM*.

▷ **Ou**, faire une séance type « Grip » à la place de l'endurance fondamentale. Vous pouvez aussi faire les 2.

 Il est primordial de bien respecter l'allure, car il s'agit d'une séance de récupération.

Récupération :

Vos chronos et retours de la séance :

Vos douleurs :

Nombre de kilomètres :

État de fatigue :   1   2   3   4   5   6   7   8   9   10

Corps de séance :

- 30' de footing d'échauffement.

- % Pente : 6 à 8%.

- Effectuer un exercice avant chaque côte.

- 8 à 10 répétitions.

- 200 mètres en côte **avec** "porté" + 200 mètres en descente **avec** "porté" + 200 mètres en côte **sans** "porté" + 200 mètres en descente **sans** "porté".

- Récupération passive 1'30" à 2'.

Exemple :

- L'intensité va dépendre de votre niveau, mais aussi du type de pente ainsi que son %.

  - Sans "porté" l'idéal serait une allure comprise entre 75%-85%.

  - Il est difficile de vous donner une intensité avec "porté" car trop de facteurs sont à prendre en considération.

Vos chronos et retours de la séance :

Vos douleurs & kilomètres + D+ :

État de fatigue :   1   2   3   4   5   6   7   8   9   10

Corps de séance :

- 40′ de footing d'échauffement.
- 1 série.
- 20′ à 30′ progressif.
- Commencer à 75% de VMA puis finir à 85%.
- Si sur appareil cardio, être entre 75-85% FCM.

Il s'agit d'introduire un seuil progressif dans du travail de capacité aérobie.

Récupération : 15′ à 20′ de retour au calme.

Vos chronos et retours de la séance :

Vos douleurs :

Nombre de kilomètres :

État de fatigue :   1   2   3   4   5   6   7   8   9   10

Vos kilomètres ainsi que le dénivelé en course à pied de la semaine :

....
....
....
....

Vos kilomètres ainsi que le dénivelé à vélo de la semaine :

....
....
....
....

Votre ressenti :

....
....
....
....
....
....
....
....
....
....
....
....
....

Vos douleurs :

....
....
....
....
....
....

État de fatigue :   1   2   3   4   5   6   7   8   9   10

Le stato-dynamique 1 temps : Il s'agit de descendre normalement puis de remonter en position 90° est de bloquer 2" avant de finir le mouvement de façon explosive.

Enchainez les 2 exercices sans temps de pause, puis prendre la récupération à la fin du 2nd exercice.

Séance que vous allez garder durant 3 semaines.

La charge est à 70% de 1 RM.

Exemple :

Descente   Montée 5 à 10 cms   Bloquer 2"   Poussée explosive

1

 +  

```
6 rep's ..... kilos + 6 rep's - R.90"
6 rep's ..... kilos + 6 rep's - R.90"
6 rep's ..... kilos + 6 rep's - R.90"
```

2

 + 

```
6 rep's ..... kilos + 10 rep's - R.90"
6 rep's ..... kilos + 10 rep's - R.90"
6 rep's ..... kilos + 10 rep's - R.90"
```

3

 + 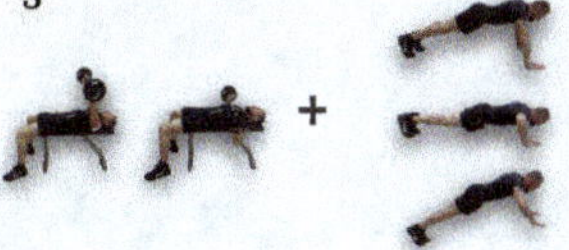

```
6 rep's ..... kilos + 6 rep's - R.90"
6 rep's ..... kilos + 6 rep's - R.90"
6 rep's ..... kilos + 6 rep's - R.90"
```

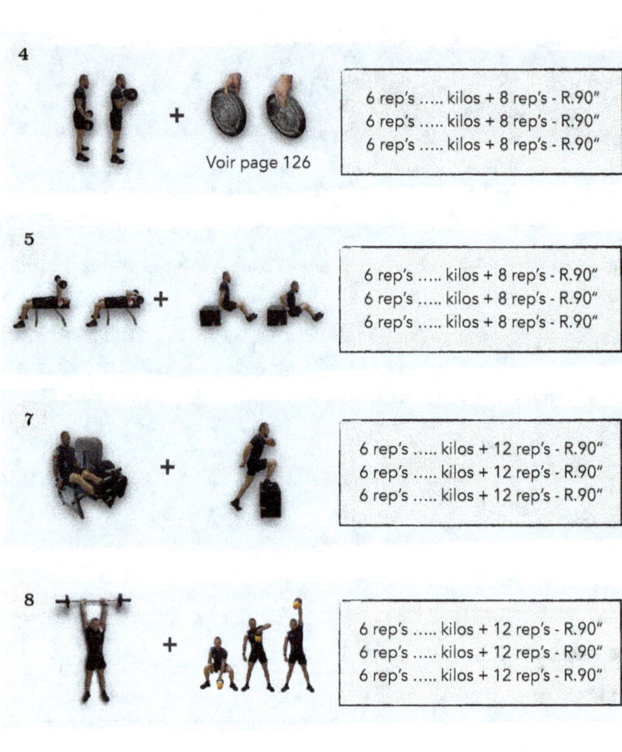

Votre ressenti :

Vos douleurs :

État de fatigue :   1   2   3   4   5   6   7   8   9   10

Corps de séance :

- 30′ de footing d'échauffement.
- 1 série.
- 6 répétitions.
- 15 burpees + 200 mètres de course entre 80-90% de VMA + 10 burpees + 800 mètres entre 75-85% + 10 burpees + 200 mètres de course entre 80% à 85%.
- Récupération passive 2′30″.
- Exemple sur 1 répétition =

15 B.	+ 200 m	+ 10 burpees +	1000 m +	10 B.	+ 200 m + récup.
	80-90%		75-85%		80-85%

Récupération : 10′ à 20′ de retour au calme.

Vos chronos et retours de la séance :

Vos douleurs :

Nombre de kilomètres :

État de fatigue :   1   2   3   4   5   6   7   8   9   10

Corps de séance :

- 30' de footing d'échauffement.
- 2 séries.
- 12'.
- 80% de VMA - 90% FCM.
- Récupération active 50-60% de VMA entre les séries.

Ne pas chercher à vouloir se rassurer et bien garder l'allure. Séance dite de "récupération" active.

Récupération : 15' de retour au calme.

Vos chronos et retours de la séance :

Vos douleurs :

Nombre de kilomètres :

État de fatigue :   1   2   3   4   5   6   7   8   9   10

Corps de séance :

- 30′ de footing d'échauffement.
- 2 à 3 séries.
- 8′ (soit 4 répétitions de 2′).
- <u>1 répétition</u> = 30″ entre 90-100% de VMA, 30″ de récupération active entre 40-50% ou de marche, 30″ de maintien ou d'un exercice de suspension ou de grip, et prendre une récupération de 30″ active entre 40-50% ou de marche. Répétez 4 fois pour effectuer 1 série (voir exemple ci-dessous).
- 3′ passive de récupération entre les séries.
- <u>Exemple</u> :

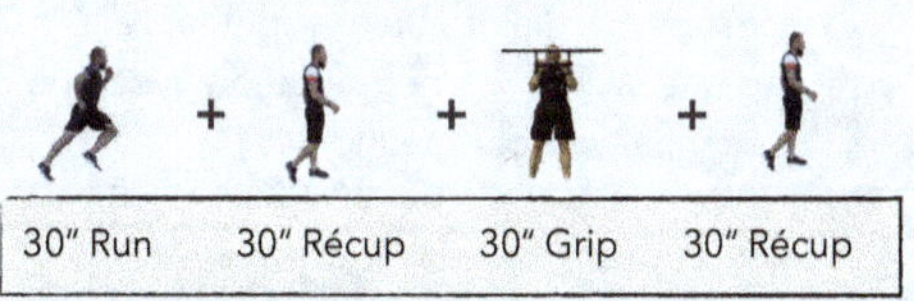

Récupération : 10′ de retour au calme.

Vos chronos et retours de la séance :

Vos douleurs :

Nombre de kilomètres :

État de fatigue :   1   2   3   4   5   6   7   8   9   10

Corps de séance :

- 1h15′ à 1h30′ : Les premières 30′ sont à une allure comprise entre 55-70% de VMA ou 65-75% de FCM, puis toutes les 5′ effectuez 30 burpees ou un exercice de votre choix sur une durée de 2′.
- À partir de 30′, augmentez votre allure entre 75-85% de VMA ou 85-93% de FCM durant 30′, puis faire l'exercice toutes les 3′.
- Arrivé à 1h, reprenez votre rythme entre 55-70% pour finir la séance.

> Il est primordial de bien respecter l'allure, car il s'agit d'une séance de récupération avec une portion de séance type compétition.

Récupération :

Vos chronos et retours de la séance :

Vos douleurs :

Nombre de kilomètres :

État de fatigue :   1   2   3   4   5   6   7   8   9   10

Vos kilomètres ainsi que le dénivelé en course à pied de la semaine :

....
....
....
....

Vos kilomètres ainsi que le dénivelé à vélo de la semaine :

....
....
....
....

Votre ressenti :

....
....
....
....
....
....
....
....
....
....
....
....
....

Vos douleurs :

....
....
....
....
....
....

État de fatigue : 1 2 3 4 5 6 7 8 9 10

Le stato-dynamique 1 temps : *Il s'agit de descendre normalement puis de remonter en position 90° est de bloquer 2" avant de finir le mouvement de façon explosive.*

Enchainez les 2 exercices sans temps de pause, puis prendre la récupération à la fin du 2nd exercice.

Séance que vous allez garder durant 2 semaines.

La charge est à 70% de 1 RM.

1

```
6 rep's ..... kilos + 6 rep's - R.90"
6 rep's ..... kilos + 6 rep's - R.90"
6 rep's ..... kilos + 6 rep's - R.90"
```

2

```
6 rep's ..... kilos + 10 rep's - R.90"
6 rep's ..... kilos + 10 rep's - R.90"
6 rep's ..... kilos + 10 rep's - R.90"
```

3

```
6 rep's ..... kilos + 6 rep's - R.90"
6 rep's ..... kilos + 6 rep's - R.90"
6 rep's ..... kilos + 6 rep's - R.90"
```

4

```
6 rep's ..... kilos + 8 rep's - R.90"
6 rep's ..... kilos + 8 rep's - R.90"
6 rep's ..... kilos + 8 rep's - R.90"
```

5

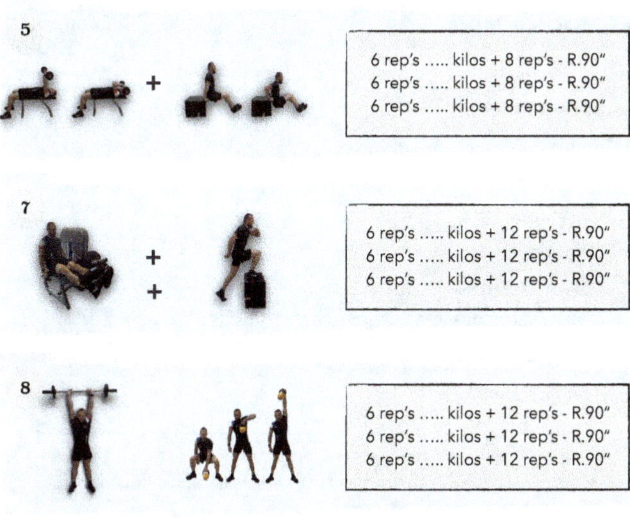

6 rep's ….. kilos + 8 rep's - R.90"
6 rep's ….. kilos + 8 rep's - R.90"
6 rep's ….. kilos + 8 rep's - R.90"

7

6 rep's ….. kilos + 12 rep's - R.90"
6 rep's ….. kilos + 12 rep's - R.90"
6 rep's ….. kilos + 12 rep's - R.90"

8

6 rep's ….. kilos + 12 rep's - R.90"
6 rep's ….. kilos + 12 rep's - R.90"
6 rep's ….. kilos + 12 rep's - R.90"

30" gainage	30" droite & gauche	30" superman

Votre ressenti :

Vos douleurs :

État de fatigue :   1   2   3   4   5   6   7   8   9   10

Corps de séance :

- 30′ de footing d'échauffement.
- 1 série.
- 6 répétitions.
- 1000 mètres.
- 88-92% de VMA.
- Récupération passive (en marchant) de 1′45″ à 2′ voir 2′30″ pour les plus débutants.

 Il est important de bien respecter une récupération passive afin de d'essayer de maintenir votre allure sur la continuité des répétitions.

Récupération : 10′ de retour au calme.

Vos chronos et retours de la séance :

Vos douleurs :

Nombre de kilomètres :

État de fatigue :   1   2   3   4   5   6   7   8   9   10

Corps de séance :

- 25′ de footing d'échauffement.
- 3 séries.
- 12′ - 10′ - 8′.
- 75% - 80% - 85% de VMA ou 85% - 88% - 93% FCM.
- 2′30″ de récupération active entre 50-60% de VMA entre les séries.

 Ne pas chercher à vouloir se rassurer et bien garder l'allure. Séance dite de "récupération" active.

Récupération : 15′ de retour au calme.

Vos chronos et retours de la séance :

Vos douleurs :

Nombre de kilomètres :

État de fatigue :   1   2   3   4   5   6   7   8   9   10

Corps de séance :

- 20' de footing d'échauffement.
- 1 série.
- 4 à 6 répétitions.
- 10 burpees + 300 mètres de course entre 80-90% de VMA + 10 burpees + 1000 mètres entre 75-85% + 10 burpees + 200 mètres de course entre 80% à 85%.
- Récupération passive 2'30".
- <u>Exemple sur 1 répétition</u> =

10 B.	+ 300 m	+ 10 B.	+ 1000 m	+ 10 B.	+ 200 m
	80-90%		75-85%		80-85%

Récupération : 10' à 20' de retour au calme

Vos chronos et retours de la séance :

Vos douleurs :

Nombre de kilomètres :

État de fatigue :　　1　　2　　3　　4　　5　　6　　7　　8　　9　　10

Corps de séance :

- 1h15' : Les premières 30' sont à une allure comprise entre 55-70% de VMA ou 65-75% de FCM, puis toutes les 5' effectuez 30 burpees ou un exercice de votre choix sur une durée de 2'.
- À partir de 30', augmentez votre allure entre 75-85% de VMA ou 85-93% de FCM durant 45', puis faire l'exercice toutes les 3'.
- Arrivé à 1h15', reprenez votre rythme entre 55-70% pour finir la séance.

Il est primordial de bien respecter l'allure, car il s'agit d'une séance de récupération avec une portion de séance type compétition.

Récupération :

Vos chronos et retours de la séance :

Vos douleurs :

Nombre de kilomètres :

État de fatigue :　　1　　2　　3　　4　　5　　6　　7　　8　　9　　10

Vos kilomètres ainsi que le dénivelé en course à pied de la semaine :

....
....
....
....

Vos kilomètres ainsi que le dénivelé à vélo de la semaine :

....
....
....
....

Votre ressenti :

....
....
....
....
....
....
....
....
....
....
....
....
....

Vos douleurs :

....
....
....
....
....
....

État de fatigue : 1 2 3 4 5 6 7 8 9 10

Le stato-dynamique 1 temps : Il s'agit de descendre normalement puis de remonter en position 90° est de bloquer 2" avant de finir le mouvement de façon explosive.

Enchainez les 2 exercices sans temps de pause, puis prendre la récupération à la fin du 2nd exercice.

Dernière semaine pour le stato-1 temps.

La charge est à 70% de 1 RM.

1

6 rep's ..... kilos + 6 rep's - R.90"
6 rep's ..... kilos + 6 rep's - R.90"
6 rep's ..... kilos + 6 rep's - R.90"

2

6 rep's ..... kilos + 10 rep's - R.90"
6 rep's ..... kilos + 10 rep's - R.90"
6 rep's ..... kilos + 10 rep's - R.90"

3

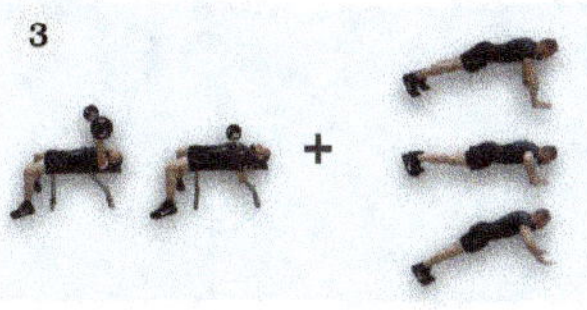

6 rep's ..... kilos + 6 rep's - R.90"
6 rep's ..... kilos + 6 rep's - R.90"
6 rep's ..... kilos + 6 rep's - R.90"

4

6 rep's ..... kilos + 8 rep's - R.90"
6 rep's ..... kilos + 8 rep's - R.90"
6 rep's ..... kilos + 8 rep's - R.90"

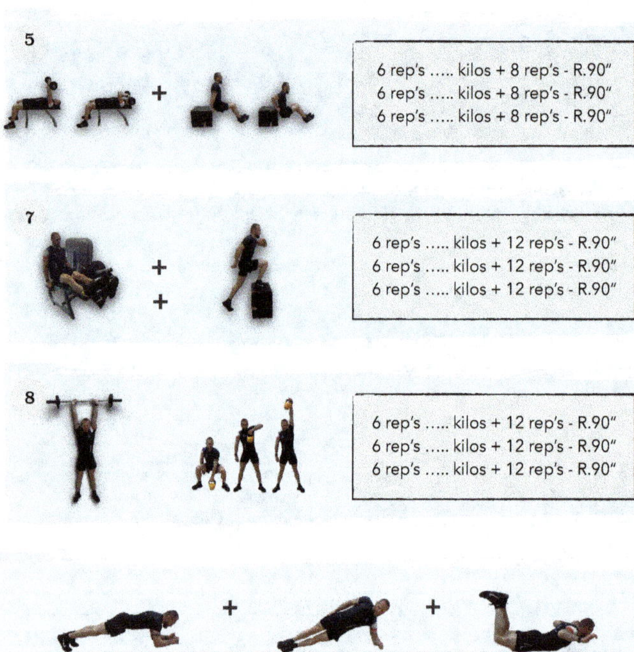

Votre ressenti :

Vos douleurs :

État de fatigue :   1   2   3   4   5   6   7   8   9   10

Corps de séance :

- 30' de footing d'échauffement.
- 10 à 12 répétitions.
- 100 mètres.
- 100 à 110% de VMA.
- Récupération 1'.

 Il est inutile d'aller plus vite même si vous en avez envie. Cela engendrerait une fatigue inutile dans une période importante.

Récupération : 10' de retour au calme.

Vos chronos et retours de la séance :

Vos douleurs :

Nombre de kilomètres :

État de fatigue :   1   2   3   4   5   6   7   8   9   10

Corps de séance :

- 20′ de footing d'échauffement.
- 3000 mètres entre 85-88% VMA - Récupération 2′30″.
- 1000 mètres entre 85-90% VMA - Récupération 2′.
- 1000 mètres entre 85-90% VMA - Récupération 2′.
- 500 mètres entre 90-95% VMA - Récupération 1′30″.
- 500 mètres entre 90-95% VMA.

> - Cette séance est à effectuer 11 jours au plus tard avant le jour de la compétition.
> 
>   - Les allures peuvent être différentes en fonction de votre niveau.

Récupération : 15′ de retour au calme.

Vos chronos et retours de la séance :

Vos douleurs :

Nombre de kilomètres :

État de fatigue :   1   2   3   4   5   6   7   8   9   10

Corps de séance :

- 1h à 1h15' : Les premières 30' sont à une allure comprise entre 55-70% de VMA ou 65-75% de FCM, toutes les 5' effectuez 30 burpees ou un exercice de votre choix sur une durée de 2'.
- À partir de 30', augmentez votre allure entre 80-85% de VMA ou 85-93% de FCM durant 20', et faire l'exercice toutes les 3'.
- Arrivé à 50', reprendre votre rythme entre 55-70% pour finir la séance.

Il est primordial de bien respecter l'allure, car il s'agit d'une séance de récupération avec une portion de séance type compétition.

Récupération :

Vos chronos et retours de la séance :

Vos douleurs :

Nombre de kilomètres :

État de fatigue :   1   2   3   4   5   6   7   8   9   10

Vos kilomètres ainsi que le dénivelé en course à pied de la semaine :

....
....
....
....

Vos kilomètres ainsi que le dénivelé à vélo de la semaine :

....
....
....
....

Votre ressenti :

....
....
....
....
....
....
....
....
....
....
....
....
....

Vos douleurs :

....
....
....
....
....
....

État de fatigue :   1   2   3   4   5   6   7   8   9   10

1

6 rep's ..... kilos + 6 rep's - R.90"
6 rep's ..... kilos + 6 rep's - R.90"
6 rep's ..... kilos + 6 rep's - R.90"

2

6 rep's ..... kilos + 10 rep's - R.90"
6 rep's ..... kilos + 10 rep's - R.90"
6 rep's ..... kilos + 10 rep's - R.90"

3

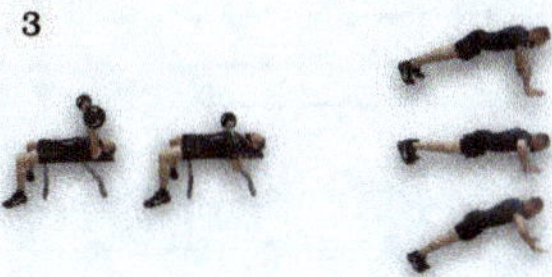

6 rep's ..... kilos + 6 rep's - R.90"
6 rep's ..... kilos + 6 rep's - R.90"
6 rep's ..... kilos + 6 rep's - R.90"

- Faire 6 répétitions de 100 mètres entre 100-110% de VMA en fin de séance.
- 1' de récupération passive ou active 30-40% de VMA.

Votre ressenti :

Vos douleurs :

État de fatigue :   1   2   3   4   5   6   7   8   9   10

Corps de séance :

- 20' de footing d'échauffement.
- 1 série.
- 6 à 8 répétitions.
- 10 burpees + 200 mètres de course entre 85-90% de VMA.
- 1' de récupération passive ou active 30-40% de VMA.
- 3' à 4' de récupération passive entre les 2 séries.
- Exemple sur 1 répétition =

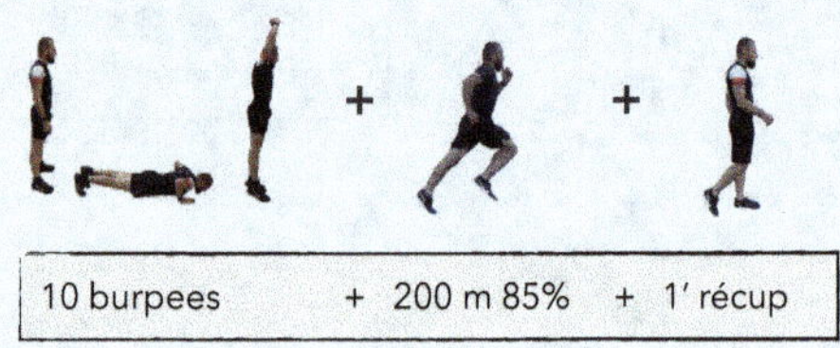

10 burpees	+ 200 m 85%	+ 1' récup

Récupération : 10' de retour au calme.

Vos chronos et retours de la séance :

Vos douleurs :

Nombre de kilomètres :

État de fatigue :   1   2   3   4   5   6   7   8   9   10

Corps de séance :

▶ 45' de footing : allure comprise entre 55-70% de VMA ou 65-75% de FCM*.

Il est primordial de bien respecter l'allure, car il s'agit d'une séance de récupération.

Récupération :

Vos chronos et retours de la séance :

Vos douleurs :

Nombre de kilomètres :

État de fatigue :   1   2   3   4   5   6   7   8   9   10

Corps de séance :

- NE RIEN FAIRE 2 JOURS AVANT LA COMPÉTITION.
- 20' de footing cool.
- 8 à 10 répétitions.
- 20" à 100% de VMA et 40" de récupération à 50% de VMA.
- 10' de récupération fin de séance.
- Si vous le pouvez, faites un peu de lancer de javelot et quelques passages de monkey bar (pas plus de 4 à 5 passages).

- Il ne faut pas ajouter une fatigue inutile et surtout ne pas chercher à vous rassurer.
- Les jeux sont faits.

Récupération :

Vos chronos et retours de la séance :

Vos douleurs :

Nombre de kilomètres :

État de fatigue :   1   2   3   4   5   6   7   8   9   10

Préparer sa course :

- ☑ Assurez-vous d'avoir préparé votre matériel tel que :
  - ☆ Votre tenue, avoir les vêtements et baskets appropriés.
  - ☆ Des tenues de rechange si vous courez plusieurs courses.
  - ☆ Vos ravitaillements (à prendre à partir de 35-40' puis après toutes les 15').

Consignes de course :

- ☑ Être prêt à commencer votre échauffement 1h voire 45' avant le départ de la course.
- ☑ Pour cela, vous avez déjà récupéré votre bandeau et votre tenue est prête.
- ☑ Faire 10 à 15' de footing d'échauffement. En fonction des conditions, faites votre échauffement déjà en tenue (short, t-shirt en cas de chaleur et couvrez-vous s'il pleut ou s'il fait froid).
- ☑ Faire 4 répétitions de 20" à 100% de VMA - Récupération 1'.
- ☑ Faire 2 à 3 répétitions de 20" à 90-100% VMA avec un passage de palissade.
- ☑ Se mettre sur la ligne de départ.
- ☑ Ne pas partir trop vite. Ceci serait une grosse erreur. Ne vous inquiétez pas et ne gaspillez pas votre énergie au début.
- ☑ Durant la première moitié de course, maintenir un rythme de course entre 75% et 80% de votre VMA ou 85% à 88% de FCM.
- ☑ Finir plus rapidement, entre 80-85% - 88 à 93% FCM.

<u>Vos kilomètres ainsi que le dénivelé en course à pied de la semaine :</u>

....
....
....
....

<u>Vos kilomètres ainsi que le dénivelé à vélo de la semaine :</u>

....
....
....
....

<u>Votre ressenti :</u>

....
....
....
....
....
....
....
....
....
....
....
....
....

<u>Vos douleurs :</u>

....
....
....
....
....
....

État de fatigue :   1   2   3   4   5   6   7   8   9   10

Cette séance de « grip » peut être ajoutée en plus de vos séances, mais aussi à la fin d'une séance d'endurance fondamentale dite de récupération active.

4 à 6 séries
(Traction avec ou sans élastique)
6 à 10 répétitions
1'15" de récupération
..........kilos

4 à 6 séries
(Suspension en alternant mains pro. & sup.)
20" à 30"
1'15" de récupération
(Avec ou sans élastique)

4 à 6 séries
(Shoulder touch)
20" à 30"
1'15" de récupération
(Avec ou sans élastique)

4 à 6 séries
(Maintenir le plus longtemps possible)
....../....../....../....../....../....../ secondes
1' de récupération
(Sans élastique)

6 séries
(3 séries mains en pronation & 3 séries mains en supination)
20 répétitions
1' de récupération

4 séries
Coudes à 90° - maintenir la position
..........secondes
..........kilos
1' de récupération

Montées de genoux : Le dos et buste droits, sur pointes des pieds, monter les genoux à 90° en alternant. Avoir une coordination bras jambes. Ne pas s'affaisser et bien s'auto-grandir. Bassin neutre.

Talons Fesses : Le dos et buste droits, sur pointes des pieds, venir toucher les fesses avec les talons. Les genoux dans l'axe. Ne pas s'affaisser et bien s'auto-grandir. Bassin neutre.

Course jambes tendues : Le talon ne doit pas toucher le sol pendant l'exercice. Les pieds sont fléchis quand ils sont en l'air, et en extension quand ils sont en contact avec le sol, le tronc doit rester vertical. Bras et épaules sont souples et détendue.

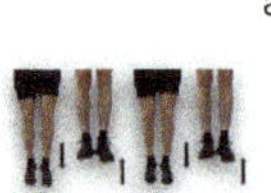

Sauts pieds joints (Thrust-up) : Contracter les abdominaux, faire des sauts sur pointes des pieds en gardant toujours les jambes tendues (contracter les quadriceps). Relever les pointes des pieds lors des sauts. Les talons ne touchent jamais le sol.

Contre mouvement Jump (CMJ) : Debout, venir en position squat c'est à dire le dos droit, le poids du corps sur les talons et genoux fléchis à 90° puis sauter vers le haut. Enchainer sans temps de pause.

Tuck Jump : Debout avec les genoux légèrement pliés. S'accroupir en quart de squat puis sauter aussi haut que possible en portant les genoux à la poitrine. Se réceptionner avec les genoux légèrement pliés pour amortir le choc et recommencer.

Broad Jump : Saut en longueur vers l'avant avec les pieds au même niveau. La réception au sol est maitrisée donc sans chute et s'effectue en flexion partielle des jambes. Durant la phase de saut, le buste se penche et les épaules sont nettement en avant de la verticale passant par le bassin.

Jumping lunge : En position debout, faire un saut en amenant une jambe vers l'avant et l'autre en arrière. Elles doivent être à 90° sans toucher le sol. Avoir le buste droit et toujours gainé. Alterner sans temps de pause.

Clean & Press : Poids au sol entre les jambes, venir le chercher en position squat, puis le tracter au-dessus de la tête, bras tendu en longeant le corps. Il doit être le plus proche possible corps. Le bassin est en position neutre.

Kettle Swing : Tenir la kettlebell à deux mains (possibilité de l'effectuer à 1 main). Tout en gardant le buste gainé et le dos contracté, amorcer le balancé par les hanches vers l'arrière en faisant passer la kettlebell entre les jambes écartées. Ensuite, en utilisant l'élan, continuer le balancé vers l'avant et le haut et soulever la kettlebell jusqu'à hauteur des yeux pour le **russian swing** et au-dessus de la tête pour le **swing US**.

Rampé : position de départ au sol, avancer sur les coudes en alternant bras en jambes opposés. Gainer le corps. Afin de trouver les sensations lors des courses, je vous invite à rouler dans un sens puis dans l'autre.

Foulées bondissantes : Les foulées bondissantes ne doivent pas être trop longues. La pose du pied ne doit pas se situer trop en avant du corps. Le pied ne doit pas amortir au sol mais il faut essayer de l'armer (relever la pointe de pied) avant chaque appui pour rechercher une réception active au sol par un griffé. Le buste doit rester perpendiculaire au plan du sol, le genou fléchi à angle droit, le bassin doit être gainé.

Bear Walk ou Alligator Walk ou Spider Walk : Le Bear Walk est un déplacement quadrupédique en gardant les hanches basses à hauteur de bras tendus et le buste horizontal. Les variantes, _Alligator Walk_ et _Spider Walk_ imposent d'avancer les genoux au niveau du buste pour l'alligator walk et au niveau des épaules pour le spider walk en conservant toujours le buste droit et horizontal et les bras fléchis ou semi-fléchis.

Jumping jack : En position debout, les pieds rapprochés et les bras le long du corps, il faut en même temps sauter et écarter les pieds en amenant les bras au-dessus de la tête. On revient ensuite à la position de départ toujours en sautant. Enchainer les répétitions.

Dips : En position de départ surélevé en appui sur les mains en prise neutre. Descendre le corps lentement jusqu'à ce que les épaules soient au niveau des coudes puis pousser vers le haut en redressant le buste et en tendant les bras.

Burpees : Debout puis baissez-vous comme pour faire un squat. Sans interruption, posez les mains au sol devant vos pieds puis lancez vos jambes en arrière. Vous devez arriver en position de pompe. De là, toujours sans vous arrêter, ramenez vos pieds (à plat et non sur pointes de pieds) au niveau de vos mains puis sautez aussi haut que possible

Pour bien faire vos burpees, il est important de suivre quelques consignes. Lors de la première phase descendante (façon squat), il est important que vos genoux ne dépassent pas vos orteils (poids du corps sur les talons) et que vos fesses aillent bien en arrière. Lorsqu'il n'est plus possible de maintenir cette position, c'est que vous devez basculer votre poids du corps de l'arrière vers l'avant pour poser vos mains au sol ; cela vous permettra de jeter vos jambes derrière vous avec plus d'aisance. Enfin, la seconde moitié du burpee n'est autre que le chemin inverse !

Burpees fentes : Il suffit de faire 2 fentes sautées à la fin du burpees.
Pour cela, à la fin du saut, enchainez directement sur les fentes plio. Pour les consignes de placement, se référer aux burpees et aux fentes plio (sautées).

Box Jump : Partir de la position debout (ou squat) et sauter sur la box. Le saut doit être gainé au niveau de la sangle abdominale, et lors de la réception du saut, vous arrivez pieds à plat (non sur pointes des pieds) et le dos droit. Redescendre soit en sautant en arrière et enchainer les sauts ou redescendre 1 jambe par 1 jambe.

Mountain Climber : Mettez-vous en position de pompe sur la pointe des pieds, jambes et bras tendus, votre corps doit être droit et gainé (alignement jambes/fesses/dos/tête), en pliant votre jambe droite, amenez votre genou droit près de votre coude droit sous votre poitrine sans toucher votre pied au sol, en un mouvement explosif, inversez la position avec la jambe gauche (votre jambe droite est alors tendue et votre jambe gauche pliée). Enchainez sans temps de pause.

Pompes sautées : En position pompe, les mains largeur d'épaules ou un peu plus, un alignement parfait du corps. Les mains en position neutre, descendre en inspirant puis pousser de manière à décoller les mains du sol. Ne pas marquer de temps d'arrêt lors de la réception. Il est possible de faire ce travail sur les genoux.

Gainage commando : Dans la position de départ de gainage, en gardant le corps gainé, venir tendre le bras gauche en vous mettant sur la main et de garder le coude droit au sol, revenir à la position de départ puis changez de bras.

Farmer Walk : Debout, une charge de votre choix dans chaque main puis marchez ou courez avec. Dos droit et gainé sur le haut du corps.

Gainage : En appui sur les avant-bras et les pointes de pieds, élevez le bassin afin d'obtenir un alignement jambes/bassin/tronc aligné. Serrez les fesses et rentrez le ventre afin de placer votre dos, puis maintenez la position.
Attention à ne pas creuser le dos.

Squat Pistol : Se mettre sur une jambe, descendre telle la position squat (dos droit et poids du corps sur les talons). Gardez les abdos contractés et veillez à ne pas avoir le genou qui entre vers l'intérieur. Il doit être dans l'alignement ou vers l'extérieur. Pensez à travailler de façon progressive. Au début avec l'aide d'un banc, puis assisté avec l'aide d'un mur ou barre, sur-élevé pour enfin réussir sans aide.

Tire Flip : Se mettre en position de départ comme le soulevé de terre, placez vos mains sous le pneu en position supination. Gaînez le corps (contractez les abdominaux) puis levez le pneu sans arrondir le dos. Pensez à poser le pneu sur le genou afin de vous aider à terminer le mouvement.

Battle rope : Souple sur les genoux, buste légèrement penché et gainé en avant avec le dos droit. Faire des mouvements d'ondulation avec la corde. Soit alterné, soit les 2 en même temps.

Wall Ball   _Shoot_ : Position de départ debout à environ 50/60 cm du mur (mettez-vous sous la cible et tendez les bras devant vous. Vos doigts devraient être en mesure de toucher le mur). Tenir le Wall Ball par opposition aux côtés aussi près que possible de votre corps, avec les poignets à environ 15 cm l'un de l'autre. Faire un Squat (en respectant les consignes du squat) puis jeter le ballon sur la cible. Lorsque la balle entre en contact avec vos mains, vous devriez toujours les garder au niveau du milieu de votre visage. Puis recommencez les squats lorsque vous l'avez récupéré.

Wall Ball side : Position de départ debout à environ 80/100 cm du mur. (Tenir le Wall Ball par opposition aux côtés). De profil au mur, jeter le Wall ball en effectuant une rotation en ayant le buste droit et les abdominaux contractés.

Peut se faire dos au mur en alternant les rotations.

Slam Ball : Debout, le slam ball dans les mains, puis le lever au-dessus de la tête et le jeter au sol le plus fort possible. Lors du jeté, il est possible de créer une impulsion en décollant les talons du sol. Le dos doit rester droit. Faire une flexion pour ramasser la balle au sol.

Atlas Carry : Mettre un genou au sol et l'autre jambe fléchie à 90° pied au sol, venir faire glisser le poids (sur la jambe qui est au sol) au niveau du bassin, entourer la boule avec vos mains puis se redresser en gardant le dos droit. Marchez avec la boule entre vos mains ou sur une épaule.

Oblique Twist : Assis au sol, buste penché en arrière et les jambes relevées perpendiculaires au sol. Le mouvement consiste à faire une rotation du buste avec la médecine ball, en contractant les obliques. Vous ne devez pas ressentir de douleur dans le bas du dos. Si c'est le cas, il sera préférable de changer de mouvement.

Rowing à la barre : Saisissez la barre droite en pronation ou supination. Écartez vos pieds au même niveau que vos épaules. Maintenez votre dos bien droit, penchez votre buste en avant et pliez légèrement vos genoux. En gardant cette position, remontez la barre jusqu'à vos abdominaux en resserrant vos omoplates puis redescendez la barre à la position de départ.

Soulevé de terre : La barre est saisie à bras tendus, le regard est horizontal, les pieds sont écartés de la largeur des épaules. Le dos est droit, sans arrondi au niveau des lombaires ni cambrure excessive.

La montée de la barre s'effectue en 2 phases :
1. Vous la montez uniquement à la force des cuisses et des fessiers, sans modification de l'inclinaison du dos.
2. Arrivée légèrement en dessous des genoux, il y a contraction des cuisses et des fessiers couplée à la contraction du dos pour finir de se redresser

La phase de descente de la barre s'effectue de manière inverse à celle de la montée. Le mouvement doit absolument être effectué en gardant le dos bien droit. La **barre de musculation** peut être prise en pronation ou en supination voire avec une main en pronation et une en supination.

Thruster :

- Tenez-vous debout, les pieds écartés à la largeur des épaules, le bas du dos légèrement cambré, et une barre posée sur l'avant de vos épaules. Vos mains devront être placées sous la barre, pas plus écartées que l'extérieur de vos épaules, et vos coudes en avant.

- En gardant votre torse droit avec votre tête dans une position neutre, poussez vos hanches vers l'arrière et descendez pour squatter en dessous de la parallèle.

- À partir de cette position, retournez à la position de départ en poussant aussi fort que possible sur vos jambes, en utilisant votre élan pour soulever simultanément la barre au-dessus de votre tête.

- Terminez en position debout, avec la barre au-dessus et légèrement derrière votre tête, les épaules alignées sur vos hanches et vos hanches alignées sur vos chevilles. Puis baissez la barre doucement et descendez pour faire un autre squat et recommencez.

Soulevé de terre roumain : Debout, pieds légèrement écartés.

(Largeur bassin pour les hommes, épaules pour les femmes).

En position debout, bras tendus, mains en pronation, faire une flexion de hanche en poussant les fesses vers l'arrière et en gardant les jambes tendues mais non verrouillées.

Descendre la barre le long des cuisses et descendez sous les genoux ou mi-tibia (en veillant à ne jamais arrondir le dos). Pour cela, gardez les abdos contractés.

Si le dos s'arrondit, il y a risque de blessures. Redressez le buste pour revenir à la position de départ.

Squat : Barre sur les trapèzes, dos droit, les jambes largeur bassin ou plus écartés, descendre le dos droit puis remonter. Veillez à gainer votre sangle abdominale, à ne pas arrondir le dos. Les genoux ne doivent pas entrer vers l'intérieur mais vers l'extérieur. Le poids du corps est sur les talons, ils ne doivent pas décoller du sol. Avoir le mouvement le plus complet possible.

Fente : Barre sur les trapèzes, dos droit et effectuez une flexion en plaçant votre jambe devant vous, gardez le dos droit et la tête haute. Attention à ne pas mettre votre poids du corps sur la pointe du pied mais sur le talon. Poussez sur les talons et retournez à votre position de départ.

Leg extension : Bien assis au fond de la machine, lever en soufflant puis redescendre en inspirant. Veillez à ce que les lombaires soient toujours plaquées sur le dossier. Attention à bien régler la machine.

Leg curl : Bien assis au fond de la machine. Descendre en soufflant puis revenir en inspirant. Veillez à ce que les lombaires soient toujours plaquées sur le dossier. Attention à bien régler la machine.

Presse inclinée : Bien au fond du siège, pousser en soufflant puis descendre en inspirant. Attention à ne pas verrouiller les genoux en fin de mouvement. Poussez avec les talons et non les pointes de pieds. Attention à ce que les genoux ne rentrent pas vers l'intérieur.

Mollet Assis : Assis sur le machine le dos droit, venir mettre ses pointes de pieds sur les cales, bloquer le coussin sur les genoux. Puis venir faire des flexions plantaires. Les talons le plus bas possible et monter le plus haut possible sur pointes de pieds.

Développé couché : Allongé sur le banc, pieds au sol. Les lombaires doivent être au contact du banc. Descendre la barre en inspirant au milieu de la poitrine (sans la toucher) puis la remonter en soufflant

Tirage horizontal : Le dos droit, tirez (en inspirant) la barre vers le nombril, les coudes le long du corps. Pensez à resserrer les omoplates en fin de mouvement. Puis relâchez en soufflant. Gainez le corps afin d'être droit et ressortir la poitrine.

Tirage poitrine : Le dos droit ou le buste légèrement incliné en arrière, ressortez la poitrine puis tirez la barre vers le haut de vos pectoraux en inspirant. Rapprochez les omoplates en fin de mouvement. Puis relâchez en soufflant.

Curl biceps : les coudes le long du corps, montez la barre en gardant le dos droit. Ne pas tricher sur le mouvement. C'est à dire pas de mouvement du bassin, puis les coudes restent verrouillés le long du corps. Souple sur les genoux.

Barre au front : Allongé sur le banc, le bras tendus au-dessus de la poitrine, amenez la barre au front au derrière la tête. Veillez à garder les coudes vers l'intérieur. Et non vers l'extérieur, ce qui faciliterait le mouvement. Attention à ne pas cambrer le dos. Il n'y a que les avant-bras qui fléchissent et non tout le bras.

Écarté : allongé sur le dos, avoir les lombaires bien plaqués sur le banc en contractant la sangle abdominale. Bras tendus au-dessus des pectoraux puis écartez (en inspirant) en amenant les bras dans l'alignement des épaules. Ne pas descendre trop bas, ce qui pourrait vous blesser.

Shoulder touch : Vous devez maintenir la barre fermement à l'aide des 2 mains. Lâchez un bras et venez toucher l'épaule opposée avec votre main. Repositionnez votre bras à sa position de départ avant de changer de bras. Répétez le mouvement plusieurs fois.

Suspension à la barre fixe - Pro/supination : Vous devez maintenir la barre fermement à l'aide des 2 mains en position pronation. De manière rapide, venir mettre une main en supination, puis l'autre main. Alternez de manière rapide les positions pronation et supination.

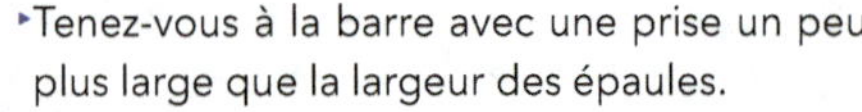

▸Tenez-vous à la barre avec une prise un peu plus large que la largeur des épaules.

▸Tirez légèrement les épaules vers le bas de manière à ce qu'elles ne soient pas relâchées.

▸Vos bras sont légèrement fléchis afin de protéger les articulations des coudes.

▸Ne pliez pas vos jambes.

▸Restez pieds joints, gainez tout votre corps (abdominaux, fessiers, jambes et pointes de pied tendues).

▸ Tirez sur vos bras et passez la barre sous votre menton (au niveau des clavicules).

▸ Vous aurez naturellement tendance à tirer sur votre menton pour l'amener au-dessus de la barre mais ce sont vos bras qui doivent vous y amener, sinon vous allez « casser » l'alignement tête-dos-jambe.

▸ Gardez les coudes parallèles à votre corps, ne les amenez pas sur les côtés.

▸ Ne bombez pas le torse en sortant la cage thoracique .

▸ Plutôt que de penser à tirer avec les bras, pensez à amener les coudes vers le sol.

▸ Effectuez 3 séries de 4 à 8 rep's récup. 1'30". Tous les 2/3 jours.

Les tractions en supination sont appelées **Chin-up**. Cet exercice est plus simple, il fait travailler les muscles des bras et du dos.

Les tractions en pronation sont appelées **Pull-up**. Cet exercice fait davantage travailler les muscles du dos.

L'exercice consiste à "freiner" le mouvement. En effet, lors d'une traction à la barre, la phase de travail en excentrique a lieu pendant la phase descendante, lorsque vous tendez les bras. Cette technique est très intéressante à pratiquer par les débutants qui n'arrivent pas à soulever le poids de leur corps. À l'aide d'une box ou tabouret, vous devez débuter de la position haute du mouvement de traction (bras fléchis et menton au-dessus de la barre), puis enlever vos pieds et **"freiner" la phase descendante le plus lentement possible**. Cet exercice est à répéter plusieurs fois à la suite afin d'épuiser vos muscles et ainsi de pouvoir progresser rapidement.

Egalement conseillé pour les débutants, l'utilisation de bandes élastiques est un formidable moyen d'alléger le poids de votre corps et ainsi de pouvoir réaliser davantage de tractions que lors du mouvement traditionnel. Selon la résistance de l'élastique utilisé, vous pourrez bénéficier d'une assistance de moins en moins importante jusqu'à faire de véritables tractions, sans aucune assistance. Attachez l'élastique sur la barre de traction puis mettez vos genoux ou pointes de pieds dans l'élastique.

ABDOMINAUX

Stop aux massacres des abdominaux classiques. N'approchez plus vos épaules vers le bassin ou l'inverse. Toutes ces contractions bloquent le diaphragme, tassent le dos, font sortir le ventre et poussent les organes vers le bas en étirant le périnée.

Gardez les lombaires bien au sol (vous pouvez lever les genoux à 90° puis décoller seulement les épaules de quelques centimètres en soufflant.

Ne tirez pas sur votre tête, ne l'amenez pas vers l'avant.

Abdominaux obliques

Il en va de même pour les inclinaisons du buste. Que vous soyez debout ou allongé.

Pour un travail plus poussé sur votre sangle abdominale, je vous conseille le livre suivant *"Abdominaux : arrêtez le massacre"* du Dr. Bernadette de Gasquet.

Flexions des doigts : La barre est sur le bout des doigts puis vous devez fermer les mains en amenant la barre près des paumes.

Les pinces : Vous pouvez maintenir les poids dans cette position ou les lancer de façon à ce qu'ils fassent un demi-tour ou tour complet, et de les rattraper sur le bout des doigts également. En pronation ou supination. Variez vos prises.

Isométrie des coudes à 90° : _Prendre le poids sur le bout des doigts, coude à 90° et maintenir la position. Possibilité de le faire en pronation, mais aussi de monter un bras et descendre l'autre de 10 cm en alternant et à votre rythme._

Wrist Roller : _Les bras tendus, les mains en pronation ou en supination, tournez la poignée afin de remonter le poids, puis lors de la descente, déroulez en contrôlant le mouvement._

Flexions ou extensions des mains : À genou ou en position assise, bloquer les avant-bras sur le banc puis faire une flexion des mains si vous êtes en supination, ou une extension des mains si vous êtes en pronation.

Flexions des mains avec haltères : _À genou ou en position assise, bloquer les avant-bras sur le banc puis faire une flexion ou extension des poignets. La main est en position neutre._

La préparation physique aux courses à obstacles

⭐ Tout ce que vous devez savoir sur la préparation physique et les courses à obstacles se trouvent dans mon livre, disponible sur **Amazon** ou en réservation sur mon site **www.coach-inside.com** avec une dédicace personnalisée.

⭐ Vous y trouverez différents chapitres :

    ☆ Comment progresser en course à pied et musculation.

    ☆ Les différentes méthodes de récupération.

    ☆ Des séances et planifications.

    ☆ Toutes les teams et courses en France.

    ☆ Ainsi que beaucoup d'autres chapitres.

 **Performance Corporation**

@performance_corporation_ 

www.performance-corporation.fr